GUNNA WENDT

»Die Freude meines Lebens«

GUNNA WENDT

»Die Freude meines Lebens«

Geschichten von berühmten Müttern und Töchtern

Mit Illustrationen von Hannah Kolling

RECLAM

In memoriam Anni Wendt

Inhalt

Prolog

Else Lasker-Schüler

Meine Mutter

War sie der große Engel,
Der neben mir ging?

Oder liegt meine Mutter begraben
Unter dem Himmel von Rauch`–
Nie blüht es blau über ihrem Tode.

Wenn meine Augen doch hell schienen
Und ihr Licht brächten.

Wäre mein Lächeln nicht versunken im Antlitz,
Ich würde es über ihr Grab hängen.

Aber ich weiß einen Stern,
Auf dem immer Tag ist;
Den will ich über ihre Erde tragen.

Ich werde jetzt immer ganz allein sein
Wie der große Engel,
Der neben mir ging.

1911

Prolog

❖ Eine junge Frau betritt ein Antiquitätengeschäft und schaut sich um. Es gibt viele schöne Dinge in den Regalen und an den Wänden zu entdecken: Möbel, Lampen, alte Spiegel. Außer ihr ist nur noch eine weitere Kundin im Laden, die sie ab und zu in den Gängen an sich vorbeischlendern sieht. Sie wirkt Respekt einflößend und erinnert die junge Frau an ihre Mutter. Erst als sie bei dem Versuch, ihr auszuweichen, fast mit ihr zusammenstößt, realisiert sie, um wen es sich handelt: um ihr eigenes Spiegelbild.

Eine skurrile Episode, die die Schauspielerin Isabella Rossellini, Ingrid Bergmans Tochter, erlebt hat, und die wesentliche Aspekte einer Mutter-Tochter-Beziehung enthält: Vertrautheit und Fremdheit, Identifikation und Abgrenzung. Aspekte, die in allen folgenden Porträts vorkommen, so verschieden die dargestellten Frauen auch sein mögen. Jedes Schicksal, jede Beziehung ist einzigartig. Zeitlich reicht das Spektrum vom Anfang des 18. Jahrhunderts bis zur Gegenwart – ein Zeitraum, in dem sich die Rolle der Frau grundlegend verändert hat. Doch es gibt eine Erfahrung, die alle teilen: Jede Frau ist eine Tochter!

Die Töchter in diesem Band hatten und haben es nicht immer leicht mit ihren Müttern – und umgekehrt. Mutterliebe und Tochterliebe nehmen unterschiedliche Gestalt an und sind nicht immer sofort zu erkennen. Manchmal zeigt sich die Liebe eben auf eine sonderbare

Art. Doch es lohnt sich, genau hinzuschauen, die Vielfalt der Gefühle auf sich wirken zu lassen und Glücksmomente nachzuempfinden. Das empfiehlt auch die Schauspielerin und Regisseurin Liv Ullmann. So sei die Nacht, in der sie ihre Tochter Linn zur Welt gebracht habe, die schönste Nacht ihres Lebens gewesen, ein Ereignis, das ihr ganz allein gehörte: »Es gab nur mein Mädchen und mich.« ❖

Maria Theresia und Marie Antoinette

❖ Am 21. April 1770 trat die 14-jährige Maria Antonia eine Reise an. Es ging von Wien nach Paris, wo sie mit dem 15-jährigen Dauphin Ludwig verheiratet und französische Thronfolgerin werden sollte. Zwei Tage vorher hatte die Trauung mit einem Stellvertreter in ihrer Heimatstadt Wien stattgefunden – ein Verfahren, das damals in höfischen Kreisen nicht ungewöhnlich war, wenn die Wohnorte der Brautleute weit voneinander entfernt lagen. Stellvertreter des Dauphins, der als Ludwig XVI. König von Frankreich werden würde, war Maria Antonias älterer Bruder Erzherzog Ferdinand gewesen. Die eigentliche Eheschließung erfolgte am 16. Mai in Versailles und ließ Maria Antonia zu Dauphine Marie Antoinette werden.

Ihre Mutter, Kaiserin Maria Theresia, die es als eine ihrer Hauptaufgaben betrachtete, ihre 13 Kinder standesgemäß und vor allem politisch motiviert zu verheiraten, war über diese Verbindung sowohl erfreut als auch besorgt. Marie Antoinette war naiv, charmant, fröhlich und leichtsinnig, und ihre Mutter fürchtete, dass ihr ihre Unerfahrenheit und Sorglosigkeit am Hof von Versailles zum Verhängnis werden könnten. Daher entschloss sie sich, ihrer Tochter zwei erfahrene Begleiter zur Seite zu stellen: Graf Mercy-Argenteau und Abbé Vermond. Marie Antoinette wusste um die Sicherheit, die ihr die Anwesenheit der Männer verlieh, aber sie wusste nicht, dass die beiden regelmäßig in Wien bei ihrer Mutter Bericht erstatten sollten.

Marie Antoinette pflegte einen regen Briefwechsel mit ihrer Mutter. Bis zu Maria Theresias Tod im Jahr 1780 sollte diese als geheim geltende Korrespondenz zwischen Mutter und Tochter andauern. Den ersten Brief hatte Marie Antoinette schon während ihrer Reise erhalten: eine »Verhaltungsvorschrift – jeden Monat zu lesen«. »Alles hängt von dem guten Beginn des Tages und der Verfassung ab, in der man ihn beginnt«, erklärte Maria Theresia ihrer Tochter. Noch bevor sie mit einem anderen Menschen sprechen würde, sollte sie ihr Morgengebet verrichten und »etwas Religiöses« lesen. Des Weiteren riet sie ihr, sich an die französischen Sitten anzupassen, ohne sich beeinflussen zu lassen. »Hören Sie auf niemanden, wenn Sie in Ruhe leben wollen«, lautete eine ihrer besonderen »Verhaltungsvorschriften«. Sie dürfe sich, um ihrer Meinung Nachdruck zu verleihen, auf ihre Mutter berufen mit der Begründung: »Die Kaiserin, meine Mutter, hat mir ausdrücklich verboten, irgendeine Empfehlung zu übernehmen.«

Maria Theresia wusste, dass es Marie Antoinette in ihrer neuen Position nicht leicht haben würde, und hoffte, ihre Defizite aus der Ferne ausgleichen zu können. Marie Antoinettes Bildung war lückenhaft, ihr Französisch ebenso. Und trotz der regelmäßigen Korrespondenz, die auf Französisch geführt wurde, schien es sich nicht zu verbessern. Maria Theresia warf ihr sogar vor, dass sich ihr Stil von Tag zu Tag noch verschlechtere. Große Sorge bereitete ihr, dass sich Marie Antoinette nicht für Politik interessierte und ihr das höfische Auftreten fremd blieb. Daran änderten auch die Kurse nichts, die sie im Schnellverfahren unmittelbar nach der Brautwerbung des Dauphins absolviert hatte. All das schien die lebenslustige junge Frau wenig zu kümmern. Dennoch nahm sie die Anweisungen ihrer Mutter ernst und bemühte sich, ihre Fragen gehorsam zu beantworten.

Doch das, was sie von sich preisgab, befriedigte ihre Mutter nicht. Wenn Maria Theresia nachfragte, wich ihre Tochter aus oder verwendete Floskeln und Allgemeinplätze, um ihren Alltag zu schildern. Zum Glück war sie nicht die einzige Nachrichtenquelle für ihre Mutter: Graf Mercy-Argenteau und Abbé Vermond setzten Maria Theresia über alle Einzelheiten im Leben ihrer Tochter in Kenntnis. Mercy-Argenteau verstand es ausgezeichnet, Informanten in unmittelbarer Nähe der Dauphine zu rekrutieren und ein hervorragend funktionierendes Netzwerk zu installieren. Dazu gehörten neben den Bediensteten auch Kurtisanen und die Töchter des amtierenden Königs.

Marie Antoinette wunderte sich manches Mal über die genauen Kenntnisse ihrer Mutter. Woher wusste sie von den nächtlichen Eskapaden, ausschweifenden Vergnügungen und Besuchen im Spielcasino? Marie Antoinette konnte es sich nicht erklären, gab sich jedoch mit dem Hinweis auf die Klatschspalten der Presse und Gerüchte zufrieden und entwickelte ihrer Mutter gegenüber kein Misstrauen. Dass diese nicht nur einen, sondern gleich drei geheime Briefwechsel pflegte und die Inhalte miteinander verglich, kam ihr nicht in den Sinn. Während Maria Theresia von ihren Briefen Abschriften anfertigen ließ, die sie sorgfältig verwahrte, vernichtete Marie Antoinette die Briefe ihrer Mutter sofort nach dem Lesen, wie es diese in ihrem ersten Schreiben angeordnet hatte: »Zerreißen Sie meine Briefe, was mir ermöglichen wird, Ihnen offener zu schreiben; ich werde dasselbe mit Ihren Briefen tun« – was sie jedoch nicht tat. Als Überbringer der Briefe fungierte ein von ihr eingesetzter Kurier, der jeweils am Monatsanfang von Wien nach Paris und wieder zurück reiste.

Wichtigstes Thema der Korrespondenz zwischen Mutter und Tochter war die eheliche Sexualität. Immer wieder erinnerte Maria Theresia, die glücklich war über die Verbindung der beiden bedeutenden europäischen Dynastien, ihre Tochter an die eigentliche Pflicht einer Frau in ihrer Position: »Denn dazu sind Sie doch vor allem berufen: Kinderkriegen.« Maria Theresia wusste, wovon sie sprach, hatte sie doch selbst innerhalb von 19 Jahren 16 Kinder zur Welt gebracht, von denen drei früh gestorben waren. Marie Antoinette war ihr zweitjüngstes Kind.

Elisabeth Badinter betont in ihrer Biographie *Maria Theresia. Die Macht der Frau* (2017) die Sonderrolle, die die Kaiserin als Mutter spielte. Anders als üblich bei den zeitgenössischen Herrscherinnen oder Frauen ihrer Gesellschaftsschicht überließ sie die Aufzucht und Erziehung ihrer Kinder nicht ausschließlich Bediensteten, sondern kümmerte sich so intensiv wie möglich selbst darum. Als Herrscherin eines Großreichs – nach dem Tod ihres Vaters 1740 hatte sie im Alter von 23 Jahren den österreichischen Kaiserthron bestiegen – eine schier unlösbare Aufgabe. »Oft war sie zerrissen zwischen Muttergefühlen und kaiserlichen Verpflichtungen«, erklärt Badinter. »Diese beiden Rollen standen häufig im Gegensatz zueinander.« Negatives Beispiel war für sie ihre eigene Mutter Elisabeth Christine, die nur wenig Interesse für ihre Kinder gezeigt hatte. Als ihre eigentliche Mutter betrachtete Maria Theresia die Kinderfrau, Gräfin Karolina Fuchs, die sie ›Mami‹ nannte und der sie bis zu deren Tod verbunden blieb.

Aber nicht nur Maria Theresia, sondern auch der von ihr sehr geliebte Ehemann Franz Stephan, praktizierte ein ungewöhnliches Verhalten gegenüber den Kindern. Er war ein zärtlicher Vater, der gerne mit seinen Kindern spielte und sich nicht scheute, öffentlich seine Gefühle zu zeigen. Strenge und Konsequenz in der Erziehung überließ er seiner Frau.

Maria Theresia hatte hohe Ansprüche an sich selbst, besonders was die Mutterschaft betraf. Das Wohl ihrer Kinder lag ihr am Herzen. Sie wollte eine gute Mutter sein, zweifelte an ihren pädagogischen Fähigkeiten und hatte Angst, Fehler zu machen. In einer Zeit, in der die Kindersterblichkeit hoch und auch Maria Theresia einige Male davon betroffen war, durchlebte sie jedes Mal »Todesängste«, wenn eins ihrer Kinder erkrankte.

Die Erinnerung an ihre verstorbenen Kinder hielt sie ihr Leben lang wach, wie der große Saal des Innsbrucker Schlosses zeigt. Dort ließ sie anlässlich der Hochzeit ihres Sohnes Erzherzog Leopold im Jahr 1765 die Porträts aller Familienmitglieder anbringen, darunter auch die der drei Kinder, die nicht mehr am Leben waren und als Engel dargestellt wurden.

Die ständige Konfrontation mit dem Tod ging an Maria Theresias Gemütsverfassung nicht spurlos vorbei. Sie selbst diagnostizierte ihre »periodisch wiederkehrende« Niedergeschlagenheit als Melancholie, die sie von ihrem Vater, Kaiser Karl VI., geerbt hätte. Wenn dieser Zustand eintrat, verspürte sie eine Unlust zu regieren und war versucht, sich von ihrem kaiserlichen Amt, das sie eigentlich mit Freuden ausfüllte, zurückzuziehen. Außer ihr durfte niemand das Thema erwähnen, auch nicht ihre Vertrauten wie der Hofbaumeister Emanuel Silva-Tarouca. Darüber sprach sie ungern, lieber äußerte sie sich schriftlich. Sie habe »keine Kraft zum Reden« und den Kontakt mit ihm daher gemieden, entschuldigte sie sich einmal bei Tarouca. 1747 schrieb sie ihm: »Ich bin an Geist und Körper krank, ich kann keinesfalls aufstehen; ich spüre das Alter.« Zu diesem Zeitpunkt war sie 30 Jahre alt. Ein Jahr später schilderte sie ihm in aller Offenheit ihren psychischen Zustand, den sie als »beklagenswert« bezeichnete. Sie könne sich nicht daran erinnern, sich jemals so elend gefühlt zu haben. »In der Öffentlichkeit agiere ich noch wie eine Maschine, nicht mehr vernunftgesteuert, da mir keine Vernunft übriggeblieben ist.« Sie gerate häufig in Wut und habe sich dann nicht mehr unter Kontrolle, so dass sich unschöne Szenen abspielen würden, woraufhin sie das Fazit zog: »Mir bleibt nichts, als mich allein einzuschließen.«

Nach dem plötzlichen Tod ihres Mannes 1765 verstärkten sich die depressiven Zustände und tauchten immer öfter auf. Ihrem Freund Obersthofmeister Rosenberg lieferte sie eine Mischung aus persönlicher Bestandsaufnahme und detaillierter Selbstreflexion, die mit den Worten beginnt: »Sie werden mich noch wohlgenährt und sogar mit

guter Miene finden, doch es fällt mir schwer, das aufrechtzuerhalten.«
Ihr Herz sei »von Leid durchbohrt«, ihr Kopf leer, ihre Kräfte ver-
schwunden. Ein Leben lang habe sie sich vor dem Zustand der »gänz-
lichen Entmutigung« gefürchtet, den sie bei ihrem Vater beobachtet
habe. Nun sei er bei ihr selbst eingetreten. Ihr Mann sei ihr immer eine
Stütze gewesen, allein sein Anblick habe sie getröstet, doch nach seinem Tod sei sie ganz allein ihrer Natur überlassen. Daran konnte auch
die Tatsache nichts ändern, dass sie ihren Sohn Joseph – später Kaiser
Joseph II. – als Mitregent an ihrer Seite hatte.

Das Einzige, was ihr bei der Bewältigung ihrer ›Melancholie‹, wie
sie ihre depressiven Phasen nannte, half, war der vollständige Rückzug:
»mein Asyl, meine Sicherheit, sowohl zur Erholung meiner Seele als
auch für mein gegenwärtiges Glück«, erklärte sie Tarouca.

Dass ihr »gegenwärtiges Glück« eng mit dem Glück ihrer Familie zusammenhing, war ihr bewusst. Die Verantwortung, die sie ihren Kindern gegenüber verspürte, war nicht weniger wichtig als die
Verantwortung gegenüber dem riesigen Reich, dessen Herrscherin
sie war. Sie betrachtete es als ihre vordringliche Aufgabe, ihre Kinder als Repräsentantinnen und Repräsentanten der Habsburger
Dynastie zu erziehen – und dazu gehörte es auch, sie standesgemäß
zu verheiraten. Maria Theresia stiftete einige Ehen, die sich positiv
auf das Verhältnis der beteiligten Regierungen auswirkten, allen
voran Maria Antonias Vermählung mit dem französischen Kron-
prinzen Ludwig. »Ich werde mir von Tag zu Tag mehr bewusst, was
meine teuere Mama für meine Verheiratung getan hat. Ich war von
allen Kindern das jüngste, und Sie haben mich wie das älteste behandelt«, schrieb ihr Marie Antoinette voller Dankbarkeit. Doch
nachdem die Hochzeitsfeierlichkeiten vorbei waren, war es höchste
Zeit, sich dem eigentlichen Zweck der Ehe, Kinder in die Welt zu
setzen, zuzuwenden.

Maria Theresia ließ es in ihren Briefen an ihre »teure Tochter«
nicht an Deutlichkeit fehlen. »Weder Ihre Schönheit, die tatsächlich

nicht so groß ist, noch Ihre Talente noch Ihre Kenntnisse« würden Marie Antoinette die Akzeptanz und die Liebe des Volkes verschaffen, sondern in erster Linie »die Änderung Ihres Zustandes«, womit sie auf die ungeduldig erwartete Schwangerschaft anspielte.

Warum musste sich in den Nächten die junge Ehefrau außerhalb des Palastes vergnügen, und warum akzeptierte der junge Ehemann ihre Abwesenheit? Maria Theresia hatte als Mutter von 16 Kindern kein Verständnis für sexuelle Enthaltsamkeit, aus welchen Gründen auch immer. Zunächst versuchte sie es mit Ratschlägen von Frau zu Frau und empfahl »Zärtlichkeiten und Schmeicheleien«, da Eifer und Zielstrebigkeit das Gegenteil bewirken könnten. Sie dürfe sich vorerst nur in »Sanftmut und Geduld« üben.

Doch als das Thema in Marie Antoinettes Briefen immer seltener auftauchte und Maria Theresia von ihren beiden Informanten erfuhr, dass ihre Tochter weiterhin die Nächte ohne ihren Ehemann durchtanzte und ihr Luxusleben genoss, sah sie sich genötigt, ihr eindringlich ins Gewissen zu reden: »Ich hoffe, dass Sie weiter diesem Punkte Ihre ganze Aufmerksamkeit zuwenden werden. Das ist ein für Ihre Zukunft wesentlicher Punkt.« Sie missbilligte die Vergnügungssucht ihrer Tochter und forderte sie auf, doch einmal an ihren Mann zu denken. Sie wisse doch, dass dieser keine Freude am Ausgehen habe und sie nur begleite, um ihr einen Gefallen zu tun. Marie Antoinettes Antworten zeugen von Schuldgefühlen: »Ich muss meinen Hang zum Vergnügen und meine Trägheit gegenüber ernsten Dingen zugeben.« Doch sie hoffe, sich »nach und nach zu bessern«.

Heftig zerrte der Erwartungsdruck, dem sich Marie Antoinette ausgesetzt sah, an ihren Nerven. Die Hoffnung, schwanger zu sein, wenn die Menstruation – für die das Codewort »Generalin« vereinbart war – ausblieb, schlug in Resignation um, wenn sie nach einigen Tagen verspätet einsetzte. Manchmal lenkte sie von sich ab und klagte über die Trägheit ihres Mannes, »die ihn nur bei der Jagd verlässt«. Nicht sie sei es, die getrennte Schlafzimmer bevorzuge, sondern »der König liebt es nicht, zu zweit zu schlafen«. Dann wieder beruhigte sie ihre Mutter mit der Aussage, ihre Angelegenheiten hätten sich inzwischen gut entwickelt, so dass sie »die Ehe für vollzogen halte; wenn auch noch nicht in dem Maße, um schwanger zu sein«. Eine Erklärung, die bei ihrer Mutter für Unverständnis gesorgt haben dürfte. Zu diesem Zeitpunkt waren Marie Antoinette und Ludwig bereits drei Jahre verheiratet.

Für Marie Antoinette muss es eine Erleichterung gewesen sein, als bei ihrem Mann eine Vorhautverengung diagnostiziert wurde, die für Schmerzen beim Geschlechtsverkehr sorgte. Nun lag die Verantwortung für die Kinderlosigkeit nicht mehr in erster Linie bei ihr. »Ich bemühe mich, ihn zu der kleinen Operation zu bewegen, über die man schon gesprochen hat und die ich für notwendig halte«, teilte Marie Antoinette im Herbst 1775 ihrer Mutter mit.

Ludwig vertraute sich Marie Antoinettes älterem Bruder Joseph an, als dieser im April 1777 für einige Wochen nach Paris kam. Von dort aus berichtete Joseph seinem Bruder Leopold, was er erfahren hatte: Ludwig betrachte den Geschlechtsakt »nur als reine Pflichtübung«, an der er »keinerlei Vergnügen« finde. Joseph fügte hinzu, seine Schwester sei »auch nicht gerade sinnlich veranlagt«, und zog das Fazit: »Beide zusammen sind ein Paar von ausgemachten Stümpern.« Doch nach eigener Aussage hatte Josephs Intervention Erfolg: Ludwig habe ihm mitgeteilt, dass seit ihrer Begegnung sein Befinden »immer besser geworden« sei, »bis zur vollkommenen Konklusion«. Ob er seinen Schwager zu einer Operation überredet oder nur in einem Gespräch von Mann zu Mann Aufklärung und Hilfestellung geleistet hatte, blieb unklar. Jedenfalls sei Ludwigs Zukunftsblick euphorisch gewesen, als er an Joseph geschrieben habe: »Ich hoffe, dass das nächste Jahr nicht vorübergehen wird, ohne dass ich Ihnen einen Neffen oder eine Nichte gegeben habe.«

Ganz so schnell ging es dann allerdings nicht. Zwar verkündete Marie Antoinette zwei Monate nach dem Besuch ihres Bruders, dass endlich auch sie in den Genuss der »grundlegendsten Freude« gekommen sei, doch der Optimismus des stillen Beobachters Mercy-Argenteaus hielt sich in Grenzen: Für Marie Antoinette sei die positive Wirkung des brüderlichen Besuchs nur von kurzer Dauer gewesen. Entgegen der Berichte, die sie ihrer Mutter hatte zukommen lassen, und des Versprechens, nicht mehr zu spielen und allein auszugehen, habe sie ihre Spielgewohnheiten im Casino bald wieder aufgenommen. Betrübt sei er,»dass die Königin, entgegen ihrem natürlichen Charakter, sich weder Sorgen noch Skrupel macht, das ihrem Bruder gegebene Versprechen zu brechen«.

Neben der anhaltenden Sorge um ihre unbelehrbare Tochter war es zu diesem Zeitpunkt vor allem der Konflikt mit ihrem Sohn und Mitregenten Joseph, der Maria Theresia das Leben schwer machte, denn dabei ging es um nichts weniger als Krieg und Frieden. Nach dem Tod des kinderlosen Bayerischen Kurfürsten Maximilian III. im Dezember 1777 erhob Joseph Anspruch auf Niederbayern und die Oberpfalz – gegen den Willen Maria Theresias, die ihm im März 1778 ankündigte:»Ich bin bereit, alles zu tun, um dieses Unglück noch rechtzeitig zu verhindern, bis zur eigenen Erniedrigung. Man mag behaupten, ich redete wirres Zeug, sei schwach oder zaghaft – nichts wird mich davon abhalten, Europa aus dieser gefährlichen Situation herauszureißen.« Joseph marschierte trotz der Mahnungen seiner Mutter in Bayern ein, worauf der preußische König Friedrich II. am 3. Juli 1778 Österreich den Krieg erklärte und in Böhmen einfiel. In dieser Situation bewies Maria Theresia ihr großes diplomatisches Geschick: Heimlich wandte sie sich an Friedrich II. und bat ihn um Frieden. Als sie Joseph davon in Kenntnis setzte, reagierte dieser mit heftigen Vorwürfen und der Ankündigung, sich öffentlich von ihr zu distanzieren. Anders könne er die Erniedrigung nicht ertragen. Die russische Zarin Katharina II. blieb neutral und verhandelte zusammen mit Frankreich den Frieden von Teschen, der am 13. Mai 1779, dem Geburtstag Maria Theresias, geschlossen wurde.

Ein Jahr zuvor, als Maria Theresias Engagement vor allem dem gefährdeten Frieden gegolten hatte, hatte Marie Antoinette endlich –

nach einer Reihe von Fehlmeldungen, die bei ihrer Mutter jedes Mal aufs Neue Enttäuschung ausgelöst hatten – ihre Schwangerschaft verkünden können. Doch Maria Theresia war vorerst skeptisch geblieben, wie ihr Brief an Mercy-Argenteau vom 2. Mai 1778 zeigt:

> So schmeichelhaft die Nachricht von dem Anschein einer Schwangerschaft meiner Tochter ist, so bin ich eingestandenermaßen fast versucht, daran bis zu dem Augenblick zu zweifeln, in dem sie das Kind zur Welt gebracht haben wird, mit dem man sie schwanger glaubt. Ich bin über dieses Kapitel so ungläubig geworden, weil ich seit so langer Zeit meine Hoffnungen enttäuscht sehe.

Zwei Wochen später, nachdem nicht nur ihre Tochter, sondern auch ihr Schwiegersohn jegliche Zweifel ausgeräumt hatten, hatte dann auch Maria Theresia endlich in den Jubel eingestimmt: »Alle meine Wünsche in bezug auf meine Familie sind also erfüllt, und ich kann nun meine Augen ruhig schließen: Ich gestehe, Ihre Situation lag mir mehr am Herzen, als ich es merken ließ, da ich Sie so innig liebe.«

Am 19. Dezember 1778 brachte Marie Antoinette eine Tochter zur Welt, die sie Marie Thérèse Charlotte nannte. »Die Söhne werden den Töchtern folgen«, versicherte Maria Theresia und behielt damit recht. Doch sie selbst würde die Geburten zweier Enkelsöhne und einer Enkeltochter nicht mehr erleben. Maria Theresia starb am 29. November 1782 im Alter von 63 Jahren an einer Lungenentzündung. So blieb es ihr erspart, das gewaltsame Ende ihrer Tochter nach Ausbruch der Französischen Revolution mitzuerleben. Marie Antoinette wurde des Hochverrats und der Unzucht angeklagt, zum Tode verurteilt und am 16. Oktober 1793, neun Monate nach ihrem Ehemann, hingerichtet. ❖

Mary Wollstonecraft und Mary Shelley

❖ Als »wiedergeborene Mary Wollstonecraft« wurde Mary Shelley, geborene Godwin, häufig bezeichnet, so auch von Percy Bysshe Shelley, ihrem späteren Ehemann, als er ihr das erste Mal begegnete. Sogar sie selbst konnte die verblüffende Ähnlichkeit mit ihrer verstorbenen Mutter nicht leugnen. Immer wieder betrachtete sie deren Porträt, das im Arbeitszimmer ihres Vaters, William Godwin, hing. Obwohl die Frau auf dem Bild zur Seite schaut, fühlt man sich direkt angesprochen. Ihr Blick scheint sowohl in die Ferne als auch nach innen zu weisen: wissend und fragend zugleich. Man kann sich nur schwer davon lösen. Mary Shelley dürfte beim Anblick des Gemäldes ähnlich empfunden haben.

Mary Wollstonecraft wurde am 27. April 1759 als zweites von sechs Kindern des Webers und Landwirts Edward John Wollstonecraft und seiner Ehefrau Elizabeth Dickson geboren. Der jähzornige gewalttätige Vater, der die Familie tyrannisierte und ständig finanzielle Probleme hatte, sorgte für häufige Wohnungswechsel, wie William Godwin in seinen *Erinnerungen an Mary Wollstonecraft* (engl. *Memoirs of the*

Author of A Vindication of the Rights of Woman, 1798) berichtet. Seine Frau sei sich deswegen nicht sicher gewesen, ob sie in London oder auf einem Bauernhof im Epping Forest das Licht der Welt erblickt hatte. 1798, ein Jahr nach ihrem Tod, hatte der Schriftsteller Godwin die biographische Skizze über Mary Wollstonecrafts Leben verfasst, die einiges über ihre Kindheit verrät. »Es schien mir stets eine Ehrenpflicht für die Hinterbliebenen eines Verstorbenen von herausragenden Verdiensten, der Nachwelt einen Bericht seines Lebens zu geben«, erklärt er im Vorwort. Er schildert die Gewaltausbrüche des Vaters, die auf Mary allerdings nicht die beabsichtigte Wirkung ausübten. Sie »stimmten sie keineswegs demütig, sondern empörten sie vielmehr«. Nach und nach entwickelte sich bei ihr ein Überlegenheitsgefühl, so dass sie aus ihrer Verachtung keinen Hehl machte. Obwohl ihre Mutter wenig Verständnis für ihre Tochter zeigte und ihre mütterliche Liebe auf den ältesten Sohn konzentrierte, fühlte sich Mary mit ihr solidarisch und beschützte sie vor den Attacken des Vaters. Manchmal stellte sie sich sogar zwischen den Tobenden und das hilflose Opfer.

Die häufigen Umzüge der Familie hatten zur Folge, dass Mary keine solide Schulbildung erhielt, was sie zeitlebens als Makel empfand. Lernen wurde zum wichtigen Lebensthema – weit über die eigenen Belange hinaus. Mary Wollstonecraft vertraute auf die emanzipatorische Wirkung von Erziehung, verlangte gleiche Bildungschancen für Jungen und Mädchen und bevorzugte die Koedukation:

Knaben und Mädchen gemeinsam? höre ich jetzt manche Leser fragen. Jawohl! Ich erwarte davon nichts Schlimmeres als eine gelegentliche frühe Zuneigung, die zwar die besten Folgen für den moralischen Charakter der jungen Menschen hätte, aber nicht immer dem Willen der Eltern entspräche.

Im Alter von 16 Jahren lernte Mary die zwei Jahre ältere Fanny Blood kennen – schon bei ihrer ersten Begegnung habe sie ihr »in der Stille ihres Herzens ewige Freundschaft geschworen«, gestand sie ihrem Mann. Fanny übernahm die Rolle der Lehrerin, die Mary die schönen Künste – Musik, Literatur und Malerei – nahebrachte. So oft wie möglich waren die beiden Freundinnen zusammen. Wenn sie für längere Zeit getrennt waren, unterhielten sie eine intensive Korrespondenz. Auf diese Weise lernte Mary das Schreiben als Kunstform kennen, in der sie sich unbedingt vervollkommnen wollte.

Um finanziell unabhängig zu sein, trat sie 1778 eine Stelle als Gesellschafterin bei einer Witwe in Bath an, die den Ruf hatte, äußerst schwierig zu sein, weswegen es niemand länger mit ihr aushielt. Doch Mary nahm die Herausforderung an und blieb zwei Jahre bei ihr. Erst die schwere Erkrankung ihrer Mutter ließ sie nach Hause zurückkehren, wo sie die Pflege der Kranken übernahm. Fanny war ihr während der ganzen Zeit eine verlässliche Stütze. Nach dem Tod der Mutter verließ Mary endgültig ihr Elternhaus.

In ihrem Bestreben, einen gesellschaftlichen Beitrag für die Situation der Frau zu leisten, gründete Mary zusammen mit ihren Schwestern und Fanny 1783 eine Tagesschule. Doch Fanny, die in den vergangenen Jahren für den Lebensunterhalt ihrer Eltern und ihrer jüngeren Geschwister gesorgt und sich dabei überanstrengt hatte, erkrankte schwer. Als die Ärzte Schwindsucht diagnostizierten und ihr zu einem Aufenthalt im Süden rieten, folgte sie, unterstützt von Mary, der Empfehlung. Anfang des Jahres 1785 bestieg sie das Schiff nach Lissabon, wo der aus Irland stammende Hugh Skeys lebte, der zuvor um ihre Hand angehalten hatte. Mary hatte Fannys Zögern nicht gelten lassen, sondern sie dazu gedrängt, den Heiratsantrag anzunehmen. Obwohl sie kaum Hoffnung hatte, dass für ihre Freundin Aussicht auf Heilung bestand, beharrte sie auf ihrer Maxime, nichts unversucht zu lassen. Die Hochzeit fand am 24. Februar statt, kurze Zeit später wurde Fanny schwanger, was ihrem Gesundheitszustand nicht zuträglich war.

Ohne zu zögern entschloss sich Mary, nach Portugal zu reisen und ihrer Freundin beizustehen. Dass sie ihre gerade gegründete Schule eine Zeitlang allein lassen musste, fiel ihr schwer, aber Priorität hatte nun einmal die Sorge um Fanny. Zwar rieten ihr alle ihre Vertrauten von der Reise ab, unterstützten sie jedoch finanziell, als sie erkannten, wie ernst es ihr war. Kurz vor dem Geburtstermin traf sie in Lissabon ein und erlebte das traurige Ereignis an Ort und Stelle: Mutter und Kind starben am 29. November 1785. Zehn Jahre später sollte Mary in ihren *Reisebriefen aus Südskandinavien* (engl. *Letters Written during a Short Residence in Sweden, Norway, and Denmark*, 1796) schreiben: »Wenn ein fühlendes Herz starke Eindrücke empfangen hat, so sind diese nicht zu tilgen.« Zu diesen unauslöschlichen Eindrücken zähle die Erinnerung an ihre Jugendfreundin, über der sich die Erde geschlossen habe. »Doch sie ist bei mir, und ich höre sie mit sanfter Stimme singen, wenn ich durch die Heide wandere.«

Auf der Rückreise nach England Mitte Dezember 1785 hatte Mary Wollstonecraft Gelegenheit, ihre Empathie, ihr Verantwortungsgefühl und ihre Durchsetzungsfähigkeit zu beweisen. Auf hoher See begegnete ihnen ein französisches Schiff, das in Seenot geraten war und zu sinken drohte. Der verzweifelte französische Kapitän bat darum, zusammen mit seiner Mannschaft an Bord kommen zu dürfen, doch sein englischer Kollege lehnte mit der Begründung ab, die Vorräte würden nicht für alle reichen – eine Begründung, die Mary nicht akzeptieren konnte. Sie war fassungslos angesichts der Herzlosigkeit des Kapitäns und drohte ihm mit ernsten gerichtlichen Konsequenzen, sobald sie an Land sein würden – so eindringlich und überzeugend, dass er klein beigab und die in Not Geratenen an Bord aufnahm.

Zurück in England musste Mary feststellen, dass es ihren Schwestern nicht gelungen war, die Schule in ihrem Sinne weiterzuführen. Ihnen fehlte es an Tatkraft und Phantasie – beides besaß bloß Mary im Übermaß. Doch sie wollte nicht länger so eng mit ihren Schwestern zusammenarbeiten, wie es notwendig gewesen wäre, um deren Defizite auszugleichen. Das Angebot, als Erzieherin der Töchter des Lord Viscount Kingsborough nach Irland zu gehen, erreichte sie im richtigen Moment. So beschloss sie, so lange in Anstellung zu gehen, bis sie genügend Geld zurückgelegt hatte, um ihren eigentlichen Plan, Schriftstellerin zu werden, realisieren zu können.

Ihr erstes Buch *Gedanken über die Erziehung von Töchtern* (engl. *Thoughts on the Education of Daughters*) wurde 1786 von dem Londoner Verleger Joseph Johnson publiziert. Ein Bekannter hatte den Kontakt hergestellt, der für ihre schriftstellerische Laufbahn entscheidend sein sollte. In ihrem Erstling zeigte sich Mary Wollstonecraft von einer asketischen, puritanischen, strengen Seite, die sie später ablegen würde. Was sie beibehielt und weiterentwickelte, waren Präzision, Entschiedenheit und Eloquenz.

1787 wurde ihr nach einem Jahr überraschend von Lady Kingsborough gekündigt. Die eifersüchtige Mutter konnte es nicht ertragen, dass sich die junge Gouvernante bei den Kindern großer Beliebtheit erfreute. Sie habe bald keine andere Sorge mehr gehabt, so William Godwin, »als dass ihre Kinder die Erzieherin mehr lieben könnten als ihre Mutter«.

Mary wertete es als Zeichen dafür, von nun an ausschließlich als Schriftstellerin zu arbeiten. Sie wandte sich an Joseph Johnson, der sie dazu ermutigte. Er war ihr bei der Wohnungssuche in London behilflich und veröffentlichte 1788 ihr zweites Buch, den Roman *Mary*. Leitmotiv des Romans ist ihre Freundschaft mit Fanny.

Im Herbst 1792, während der Französischen Revolution, reiste Mary nach Frankreich. Dort entstand ihr berühmtestes Werk, *Verteidigung der Rechte der Frau* (engl. *A Vindication of the Rights of Woman*). Darin weist sie die Behauptung, das weibliche Geschlecht sei unvollkommen, entschieden zurück und verwahrt sich dagegen, dass Frauen »zu schwachen und elenden Geschöpfen gemacht werden«. Stattdessen müssten beide Geschlechter im Namen der Freiheit ihre Rolle neu definieren. »Es ist Zeit, das weibliche Verhalten zu revolutionieren – Zeit, ihnen die Würde zurückzugeben, die sie verloren haben – und sie als Teil der menschlichen Spezies dazu zu bringen, daran zu arbeiten, sich selbst zu reformieren, um die Welt zu erneuern«, postuliert sie in ihrem feministischen Manifest mehr als 150 Jahre vor Simone de Beauvoir.

Sie scheute sich nicht, dem berühmten Philosophen und Pädagogen Jean Jacques Rousseau zu widersprechen, allem voran seiner Auffassung, die Frau sei ein Naturwesen und ihre wichtigste Aufgabe bestünde darin, ›dem Mann‹ zu gefallen und Mutter zu werden. »Wie sehr beleidigen uns diejenigen, die uns dazu anleiten, dass wir uns selbst zu sanften Haustieren machen!«, so Mary Wollstonecraft, und weiter:

> Aber die geschlechtsspezifische Schwäche, die die Frauen wegen ihres Unterhaltes vom Mann abhängig macht, erzeugt eine Art katzenhafter Zuneigung, die eine Frau dazu bringt, um ihren Ehemann herumzuschnurren, wie sie es bei jedem anderen Mann täte, der sie füttert und streichelt. Männer sind jedoch zufrieden mit dieser Art der Zuneigung, die sich in tierischer Weise auf sie beschränkt.

Im Erscheinungsjahr ihres Hauptwerks lernte Mary Wollstonecraft den amerikanischen Geschäftsmann Gilbert Imlay kennen. Sie ging mit ihm eine Beziehung ein, die von Anfang an konfliktreich war. Sie lebten an verschiedenen Orten – Paris, Neuilly, Le Havre. Erst als Mary schwanger wurde, zog sie zu ihm nach Le Havre. Am 14. Mai 1794 kam ihre Tochter zur Welt: Fanny.

In ihren Briefen schildert Mary die Geburt als beglückendes Ereignis, das nur durch Unwissenheit als grausamer Kampf der Natur erlebt würde. Sie schwärmt von der außergewöhnlichen Intelligenz ihrer Tochter und erwähnt nebenbei, dass es Imlay sowohl gesundheitlich als auch geschäftlich nicht gut gehe. Sie registrierte seinen Zustand, schien sich aber nicht dafür zuständig zu fühlen, ihm Trost und Aufmunterung zu spenden. Allmählich erkannte sie, dass die Familie für

Imlay nicht der Mittelpunkt seines Lebens war, sondern nur ein Aspekt unter anderen. Sein Freiheitsbedürfnis stand der Eheschließung entgegen. Dass eine uneheliche Mutter damals als ›gefallene Frau‹ galt, auf die man herabschaute, war für ihn kein Grund zu heiraten.

Im September 1794 kehrte Mary Wollstonecraft mit ihrem vier Monate alten Baby zurück nach Paris, während Imlay sich entschied, vorerst nach London zu gehen. Mary klagte ihm ihr Leid über den frostigen Winter. In Paris fehlte es an Brot und Brennstoff. Hunger und Kälte bestimmten den Alltag der Bevölkerung. Mary musste sehen, wie sie und ihre kleine Tochter zurechtkamen, und versank immer wieder in depressive Verstimmungen.

1795 kehrte sie schließlich nach zweieinhalbjährigem Frankreichaufenthalt zurück nach England. Imlay hatte sie dazu aufgefordert, aber sie hatte sich zunächst geweigert. Ihre raschen Stimmungsschwankungen machten ihn ratlos und erschwerten beiden das Leben. Ihr späterer Ehemann William Godwin sollte Mary als »von leicht aufbrausendem Temperament« charakterisieren, das sie »dazu verführte, zu meinen, dem Menschen, mit dem sie gerade zu tun hatte, auf den Grund der Seele schauen zu können, und ihre Billigung oder ihr Missfallen von der vermeintlichen Aufrichtigkeit oder Unlauterkeit seiner Gefühle abhängig zu machen«. Dabei pflegte sie »ihren Tadel in Worten auszudrücken, die den Betroffenen sehr kränkten«. Imlay blieb davon nicht verschont und reagierte mit einem »kalten und verlegenen Empfang«, als sie in London eintraf. Aus der Entfernung war es ihr noch möglich gewesen, sein abweisendes Verhalten zu ertragen, doch wieder in derselben Stadt lebend, wurde ihr der Alltag zur »unerträglichen Bürde«. Sie unternahm ihren ersten Suizidversuch und schluckte Laudanum. Doch sie hatte ihr Vorhaben in einem Brief angekündigt, so dass sie rechtzeitig gerettet werden konnte. Imlay war sich seiner Verantwortung bewusst, wollte sich jedoch nicht erpressen lassen und wich erneut aus, als sie ihm ein Ultimatum stellte. Stattdessen setzte er auf Ablenkung und schlug ihr vor, als seine Geschäftspartnerin nach Skandinavien zu reisen, um dort in einer finanziellen Angelegenheit zu vermitteln. »Eine solche Unternehmung schien in der gegenwärtigen Krise das beste, um ihre Gesundheit und womöglich ihre Heiterkeit wiederherzustellen«, so Godwin.

Mit ihrer einjährigen Tochter Fanny und einem französischen Kindermädchen trat Mary im Sommer 1795 die Reise nach Dänemark, Schweden und Norwegen an und verwendete dabei den Namen Mrs Mary Imlay. Über Marys Reisebeschreibung konnte Godwin später nur schwärmen: »Wenn es je ein Buch gab, das geeignet ist, den Leser verliebt in die Verfasserin zu machen, dann scheint es mir dieses zu sein.« Doch die viermonatige Reise führte nicht zur Klärung ihrer familiären Situation, sondern bedeutete bloß einen Aufschub. Am 10. Oktober 1795 unternahm Mary auf der Putney Bridge in London einen zweiten Selbstmordversuch und wurde von Passanten gerettet. Im Frühjahr 1796 zog sie endgültig den Schlussstrich unter ihre Beziehung zu Imlay.

Zu dieser Zeit begegnete sie dem Philosophen William Godwin wieder, den sie fünf Jahre zuvor im Haus ihres Verlegers kennengelernt hatte und der mittlerweile berühmt geworden war. Dazu hatte sein 1793 erschienenes Werk *Politische Gerechtigkeit* (engl. *Enquiry concerning Political Justice and its Influence on Modern Morals and Manners*) beigetragen, das seinen Ruf als Begründer des philosophischen Anarchismus begründete. In seinem Buch kritisiert er die kapitalistischen Besitzverhältnisse, die in allen Lebensbereichen vorherrschten, so auch in der Ehe. Er forderte die völlige Gleichberechtigung von Mann und Frau. Nicht nur die Übereinstimmung in diesen Fragen führte zur Annäherung von Mary Wollstonecraft und William Godwin. Sie fühlten sich auch körperlich zueinander hingezogen. Aus Zuneigung wurde Verliebtheit, ihre Freundschaft ging »schmelzend« in Liebe über, wie Godwin berichtet: »Sie entwickelte sich in beiden Seelen im Gleichschritt.« Trotz ihrer beider Vorbehalte gegen die Ehe heirateten sie am 29. März 1797, als Mary schwanger war. Sie wollten »nicht den

Ausschluss aus der Gesellschaft riskieren«, sondern versuchen, eine Form der Ehe zu realisieren, in der beide Partner gleichberechtigt waren.

Am 30. August 1797 kam ihre Tochter zur Welt. Mary hatte gebeten, nur eine Hebamme und keinesfalls einen Arzt bei der Geburt hinzuzuziehen, aber als nach der Entbindung Komplikationen eintraten, weil der Mutterkuchen nicht vollständig entfernt werden konnte, holte Godwin einen Arzt. Doch auch ihm gelang es nicht, den Mutterkuchen zu entfernen, so dass sich Marys Zustand zusehends verschlechterte. Am 10. September 1797 starb die Frau, die sich wie kaum eine andere mit den Themen Mutterschaft und Mutterliebe beschäftigt hatte, nach einem elftägigen Todeskampf am Kindbettfieber.

Wie mag sich Mary Wollstonecrafts Tochter, die nach ihrer Mutter Mary genannt wurde, wohl gefühlt haben, wenn sie im Arbeitszimmer ihres geliebten Vaters vor dem Bildnis ihrer Mutter stand? Der Gedanke, dass deren Tod unmittelbar mit ihrem Leben verknüpft war, ließ sich nicht beiseiteschieben. Mary Wollstonecraft war durch ihre Schriften unsterblich geworden und ständig präsent. So konnte ihre Tochter nachlesen, wie sie, die Frauenrechtlerin, die Mutterrolle definierte. Ihr Ideal einer »aufgeklärten Mutterliebe« fand Mary Wollstonecraft nur selten. »Die einen vernachlässigen ihre Kinder, die anderen verwöhnen sie durch übertriebene Nachsicht«, stellt sie fest. »Manche überschütten die Kinder auch mit einer wahren Affenliebe, die alles Menschliche erstickt.« Sie erwähnt die Extreme »zärtlichste« und »unnatürlichste« Mutter und erklärt: »Eine gute Mutter braucht Verstand und geistige Unabhängigkeit, doch die besitzen Frauen dank einer Erziehung, die völlige Abhängigkeit vom Ehemann betreibt, nur selten.«

Nicht nur das Porträt Mary Wollstonecrafts, sondern auch ihr Grab auf dem Friedhof St. Pancras waren Zufluchtsorte für die junge Mary, an denen sie sich der Mutter nahefühlte. Dort ließ sie sich so oft wie möglich nieder, las und träumte. Laut ihrem Vater habe sie anhand der Buchstaben auf dem Grabstein das Lesen gelernt. »Die Erinnerung an meine Mutter war immer der Stolz und die Freude meines Lebens; und die Bewunderung anderer für sie war Ursache für einen Großteil des Glücks, das ich erlebte«, heißt es in einem Brief an die Frauenrechtlerin Frances Wright. Zu den Bewunderern ihrer Mutter zählte auch der Dichter Percy Bysshe Shelley. Ihm gestand sie auf dem Friedhof St. Pancras ihre Liebe. Da war sie 16 Jahre alt.

1814 begann Mary Godwins Liebesbeziehung mit Percy Shelley, die bis zu seinem Unfalltod im Jahr 1822 dauerte. Sie lebten eine ungewöhnliche Form der freien Liebe, die andere Menschen mit einbezog, darunter Marys Stiefschwester Claire Clairmont aus der zweiten Ehe ihres Vaters. Im Sommer 1816 reisten Mary Godwin, Percy Shelley, ihr im selben Jahr geborener Sohn William und Claire an den Genfer See. Claire hoffte, dort Lord Byron wiederzusehen, von dem sie nach einer kurzen Affäre schwanger geworden war. Lord Byron, der in Cologny ein Landgut, die Villa Diodati, gemietet hatte, kam in Begleitung seines Arztes John Polidori, fand Gefallen an Percy Shelley und schloss Freundschaft mit ihm.

Der Aufenthalt dieser ungewöhnlichen Reisegruppe am Genfer See ging in die Literaturgeschichte ein, denn hier sollte jener Roman seinen Ursprung finden, mit dem Mary Shelley weltberühmt wurde: *Frankenstein* (engl. *Frankenstein or The Modern Prometheus*, 1818). In der Einführung des Romans schildert Mary, die damals noch Godwin hieß – die Hochzeit mit Percy Shelley fand erst Ende 1816 nach dem Tod seiner ersten Frau statt –, die Entstehungsgeschichte: Das, was den Aufenthalt entscheidend beeinflusste, waren nicht etwa Konflikte innerhalb der Gruppe, sondern der Ausbruch eines Vulkans in Indonesien. Das Naturereignis hatte sich nämlich weltweit auf das Klima ausgewirkt und den Himmel verdunkelt, so dass 1816 als ›Jahr ohne Sommer‹ bezeichnet wurde. Die illustre Gesellschaft musste wegen des schlechten Wetters die meiste Zeit in Lord Byrons Villa verbringen. In dessen Bibliothek befanden sich einige Bände deutscher Gespenstergeschichten, die sie dazu anregten, sich gegenseitig daraus vorzulesen. Doch dann kam Byron auf die Idee, dass sie sich selbst in diesem Genre versuchen sollten.

Während die Männer umgehend mit der Arbeit begannen, zögerte Mary, die von früher Jugend an mit den Fragen von Leben und Tod konfrontiert worden war. Würde es jemals möglich sein, dem Ursprung des Lebens auf den Grund zu kommen? Und noch eine andere Idee trieb sie um: »Vielleicht würde man eine Leiche wieder zum Leben erwecken. Der Galvanismus hatte Beispiele dieser Art geliefert: vielleicht ließen sich Einzelteile eines Menschen herstellen, zusammensetzen und mit Lebenskraft beseelen?«, heißt es in ihrer Einführung. Ihr Ziel war es, eine Geschichte zu verfassen, »bei der dem Leser davor grauen würde, sich umzublicken, bei der ihm das Blut in den Adern stocken und der Puls schneller schlagen würde«.

Es begann bei ihr selbst: Mary schildert, wie sie von ihren eigenen Phantasien und Assoziationen gefangen genommen wurde. Sie konnte nicht einschlafen, weil sich die Bilder, die »ungebeten« vor ihren geschlossenen Augen auftauchten, von erschreckender Lebendigkeit waren und sich nicht vertreiben ließen. Ihre Gedanken kreisten um einen »blassen Adepten heilloser Künste«, der vor dem Wesen kniet, das er selbst erschaffen hat. »Ich sah das abscheuliche Phantom eines Mannes ausgestreckt daliegen und plötzlich mit Hilfe einer gewaltigen Maschine Lebenszeichen von sich geben und sich mit einer noch schwerfälligen und ungelenken Bewegung rühren.« Danach stand für sie fest: »Erschreckend musste es sein; denn die Wirkung jedes menschlichen Versuchs, die unnachahmliche Maschinerie des Weltschöpfers kindisch nachzuahmen, musste außerordentlich erschreckend sein.« Mary identifizierte sich so stark mit der von ihr imaginierten Figur des Schöpfers, dass es ihr nicht gelang, »das grässliche Trugbild meiner Phantasie mit der mich umgebenden Wirklichkeit zu vertauschen«.

Mary Shelleys Roman, den sie zwei Jahre nach dem Aufenthalt am Genfer See anonym veröffentlichte, wurde zum Lehrstück, zugleich moralischer Appell sowie Warnung vor der Hybris der Wissenschaft, und hat bis heute nicht an Aktualität verloren. *Frankenstein* ist zum Synonym für verantwortungslosen ungebremsten Forscherdrang geworden.

Im Leben seiner Erfinderin, deren Dasein, angefangen mit ihrer Geburt, so untrennbar mit dem Verlust der Mutter verbunden war, spielte der Tod auch weiterhin eine tragende Rolle. Innerhalb weniger Jahre starben einige ihr nahestehende Menschen: 1818 ihre einjährige Tochter Clara, 1819 ihr dreijähriger Sohn William. Ihre Halbschwester Fanny Imlay und Shelleys erste Ehefrau Harriet begingen 1816 Selbstmord. Marys Trost war ihr jüngster Sohn Percy Florence, der 1819 geboren worden war, drei Jahre bevor sein Vater Percy Shelley beim Segeln ertrank.

Mary Shelley machte es sich zur Aufgabe, den literarischen Nachlass ihres Mannes zu verwalten und selbst ein eigenes literarisches Werk zu schaffen. Sie verfasste Zeitungsartikel, Essays, Beiträge für Enzyklopädien, Reiseliteratur, Erzählungen, Novellen und Romane, darunter *Der letzte Mensch* (engl. *The Last Man*, 1826) – ein Weltuntergangsszenario, in dem sie eine weltweite Pandemie am Ende des 21. Jahrhunderts schildert und damit ein Genre behandelt, das später mit Werken wie H. G. Wells' *Die Zeitmaschine* (engl. *The Time Machine*, 1895) große Erfolge feiern würde.

Am 1. Februar 1851 starb Mary Shelley im Alter von 53 Jahren, vermutlich an einem Gehirntumor. Sie hatte den Wunsch, neben ihren Eltern begraben zu werden, war doch das Grab ihrer Mutter lebenslange Zufluchtsstätte für sie gewesen. Ihre Schwiegertochter Jane Shelley ließ die sterblichen Überreste von Mary Wollstonecraft und William Godwin vom Friedhof in St. Pancras nach St. Peter's in Bournemouth überführen, wo sie und Marys jüngster Sohn Percy Florence lebten. Mary Shelley wurde, wie sie es sich gewünscht hatte, auf dem Friedhof von St. Peter's zwischen ihren Eltern beigesetzt. ❖

Johanna und Adele Schopenhauer

❖ In einem Brief an eine Freundin schreibt Johanna Schopenhauer über ihre Tochter Adele: »Ist dies Kind wohl, so bin ich es auch, sie ist mein eigentliches Leben«. Ihrem Sohn Arthur hingegen teilt sie mit: »Es ist zu meinem Glücke notwendig zu wissen, dass Du glücklich bist, aber nicht ein Zeuge davon zu sein.« Ihre mütterliche Zuneigung ließ sie nicht zu gleichen Teilen ihren Kindern zukommen. Während sie ihre Tochter als Gleichgesinnte betrachtete, konnte sie zu ihrem Sohn keine Nähe aufbauen. Schon früh empfand sie das Zusammenleben mit ihm als unerträglich, später vermied sie sogar kurze Zusammen-künfte. Nachdem sie ihn 1814 des Hauses verwiesen hatte, sollten sie sich nicht mehr begegnen.

Die Abneigung beruhte auf Gegenseitigkeit und bezog sich nicht nur auf die jeweilige Person, sondern darüber hinaus auf das jeweilige Werk. Weder interessierte sich Arthur für die Romane seiner Mutter noch diese für seine Philosophie. Die Schriftstellerin und Frauenrecht-lerin Laura Frost berichtet in ihrer Biographie über Johanna Schopen-hauer von einem Schlagabtausch, den sich die beiden lieferten: Als

Arthur seiner Mutter ein Exemplar seiner Doktorarbeit »Philosophische Abhandlung über die vierfache Wurzel des Satzes vom zureichenden Grunde« überreichte, habe diese gemeint, das Thema passe eher zu einem Apotheker. Tief getroffen habe er daraufhin erwidert, seine Arbeiten werde man noch lesen, wenn von ihren Romanen »kaum mehr ein Exemplar in einer Rumpelkammer stecken« werde. Johanna war auch dieses Mal nicht um eine Antwort verlegen: »Von den Deinigen wird die ganze Auflage noch zu haben sein!«

Zu ihren Lebzeiten galt Johanna Schopenhauer als eine bedeutende Schriftstellerin, die in einem Atemzug genannt wurde mit Bettina von Arnim, Rahel Varnhagen, Henriette Herz, Dorothea Schlegel. Ihre Romane, aus denen weibliche Lebenserfahrung und die daraus resultierende »Lebensleichtigkeit« sprach, wurden nicht nur von ihren Leserinnen geschätzt, sondern auch von Lesern wie Johann Wolfgang Goethe – genau wie ihr gewinnendes Wesen. Der angesehene Gartenkünstler Fürst Hermann Pückler-Muskau bezeichnete Johanna Schopenhauer als »die angenehmste Frau«, die ihm je begegnet sei. Bekannte schilderten sie als gesellig, heiter und liebenswürdig – das Gegenstück zu ihrem Sohn Arthur, der sich nicht nur in seinem philosophischen Werk, sondern auch im persönlichen Umgang als abweisend, pessimistisch und misanthropisch zeigte.

Gleich im ersten Kapitel ihrer Erinnerungen *Jugendleben und Wanderbilder* (1839) fordert Johanna Schopenhauer, die Fiktion aus der autobiographischen Literatur herauszulassen. »Wahrheit will ich geben, reine, unverfälschte Wahrheit, ohne jede Beimischung von Dichtung«. Und so trägt das Kapitel den Titel »Wahrheit ohne Dichtung« – als Replik auf Goethes »Dichtung und Wahrheit«. Allerdings wolle sie eine Auswahl treffen und die Welt mit ihren »Herzensangelegenheiten« verschonen, »behaupten, ich habe deren nie gehabt, wäre ebenso nutzlos als albern, denn wer würde es mir auf mein Wort glauben?«

Johanna Henriette Schopenhauer wurde am 9. Juli 1766 in Danzig geboren. Ihr Vater, Christian Heinrich Trosiener, war Kaufmann und
Ratsherr, ihre Mutter Elisabeth, geborene Lehmann, die Tochter eines
Apothekers. Die Eltern ließen ihrer hochbegabten Tochter eine hervorragende Ausbildung zuteilwerden. Fremdsprachen spielten dabei neben
den schönen Künsten eine wichtige Rolle und sollten ihr später auf ihren Reisen von Nutzen sein. In Englisch wurde sie von dem schotti-
schen Theologen Richard Jameson unterrichtet, ein Prediger der englischen Kolonie in Danzig. Er lehrte sie auch, den Sternenhimmel zu be-
obachten, und erklärte ihr naturwissenschaftliche Vorgänge. Doch vor
allem verdankte sie ihm ihre außerordentlichen Englischkenntnisse in
Wort und Schrift sowie eine gewisse Vertrautheit mit der englischen Literatur, besonders mit den Werken Shakespeares. Polnisch brachte ihr
ihre Kinderfrau Kasche bei. Französisch und gewandte Umgangsfor-
men lernte sie bei Mamsell Ackermann, die in Danzig das Erziehungs-
institut Société des jeunes dames gegründet hatte. In Religion wurde sie
von Pfarramtskandidat Johann Michael Kuschel unterwiesen. Es gelang
ihm, sie mit seiner Begeisterung für Geschichte anzustecken – sowohl
für die römische Antike als auch für aktuelle politische Ereignisse.

Irgendwann kam es zu einem skurrilen Auftritt Kuschels, dem Johanna in ihren Jugenderinnerungen ein eigenes Kapitel widmet. Anscheinend hatte der Lehrer aus »Mangel an Weltkenntnis« ihre »unver-
stellte Freude« an seinem Unterricht als eine Art Liebeserklärung auf-
gefasst. Und so ließ er sich zu einer Aktion hinreißen, die das
13-jährige Mädchen zutiefst erschreckte und die Flucht ergreifen ließ.
Mit den Worten »Der Kandidat will mich heiraten« habe sie sich an
ihre Mutter geklammert. Was vorgefallen war? Johanna konnte sich
nur noch daran erinnern, dass der Kandidat sie »umfassen und an sich
ziehen« wollte – »er, der noch nie auch nur meine Hand berührte!«
Dazu habe er gerufen: »Sie werden doch noch meine liebe kleine
Frau!« Nachdem die Mutter mit beiden Beteiligten geredet hatte, wurde die Angelegenheit ad acta gelegt und nicht mehr angesprochen.

Weil Johannas Wissensstand bemerkenswert hoch war, wurde sie zwei Jahre früher als üblich konfirmiert. Durch den ausgezeichneten Unterricht, den sie genossen hatte, sei ihr Erlerntes ihren Jahren vorangeeilt, kommentiert Johanna Schopenhauer. »In vieler Hinsicht blieb ich aber doch noch an Alter wie an Verstand ein recht kindisches Kind, während ich unzeitig früh in die Reihe der Erwachsenen geschoben wurde.«

Den Heiratsantrag, den ihr fünf Jahre nach Kandidat Kuschels unglücklicher Aktion der ebenfalls viel ältere Kaufmann Heinrich Floris Schopenhauer machte, lehnte sie nicht ab. Sie war 18, er 38 Jahre alt. Sie verheimlichte nicht, dass ihre Beziehung zu Heinrich keineswegs die große Liebe war. Die Ehe wurde auf Wunsch ihrer Eltern geschlossen, die sich glücklich schätzten, ihre Tochter mit einem angesehenen vermögenden Mann zu verheiraten. »Noch vor Vollendung meines neunzehnten Jahres war mir nun durch diese Verbindung die Aussicht auf ein weit glänzenderes Los geworden, als ich jemals berechtigt gewesen zu erwarten«, heißt es im Kapitel »Brauttage und Hochzeit«. »Glühende Liebe heuchelte ich ihm eben so wenig, als er Anspruch darauf machte, aber wir fühlten beide, wie er mit jedem Tage mir werter wurde.«

Gleich nach der Hochzeit unternahmen die Eheleute eine ausgedehnte Reise mit den Stationen Berlin, Hannover, Brüssel, Paris und London. Zwei Monate vor der Geburt ihres Sohnes Arthur am 22. Februar 1788 kehrten sie nach Danzig zurück, um die Stadt fünf Jahre später zu verlassen und nach Hamburg zu ziehen. Die Eroberung der Freien Stadt Danzig durch preußische Truppen hatte bevorgestanden und Heinrich wollte, als republikanisch gesinnter Liberaler, auf keinen Fall unter preußischer Regentschaft leben.

Am 12. Juli 1797 brachte Johanna ihr zweites Kind zur Welt, die Tochter Adele. Als Adele sechs Jahre alt war, ging die Familie wieder auf Reisen. Johanna war glücklich, diese Leidenschaft mit ihrem Ehemann zu teilen. Bevor ihre Tochter geboren wurde, hatten sie England,

Schottland, Holland sowie Flandern besucht und waren auch mehrfach in Paris gewesen, wo Johanna ihre Kenntnisse in der Miniaturmalerei vervollkommnet hatte. Der Sohn Arthur war immer dabei gewesen, er »sollte aus dem Buch der Welt lesen lernen«.

Am 20. April 1805 ereilte die Familie ein Unglück: Heinrich Floris Schopenhauer stürzte aus einer offenen Speicherluke in einen Kanal und ertrank. Um das traurige Ereignis ranken sich verschiedene Mutmaßungen, darunter die eines Selbstmords des »zur Schwermut neigenden« Mannes. Er habe unter Depressionen gelitten und vielleicht auch an der Lieblosigkeit, die in der Familie geherrscht haben soll. Eine Ausnahme bildete die Tochter Adele, die schon früh ein Gefühl für Empathie entwickelt hatte. Vorrang hatten für sie die Wünsche und Bedürfnisse ihrer Mutter. Dieses Interesse wurde der Tochter nicht entgegengebracht: Dass sich Johanna annähernd einfühlsam ihrer kleinen Tochter gegenüber gezeigt hat, wird nirgendwo erwähnt.

Johanna Schopenhauer betrachtete ihr Witwendasein als Chance, ein Leben zu beginnen, in dem sie die Regeln bestimmte. Sie war 39 Jahre alt und durch ihre hohe Erbschaft finanziell abgesichert. In Hamburg hielt sie nichts mehr, und so verkaufte sie ihren Besitz und beschloss, zusammen mit ihrer neunjährigen Tochter Adele nach Weimar zu ziehen. Der 18-jährige Arthur setzte vorerst seine Kaufmannslehre in Hamburg fort, bis er diese abbrach, um sich ausschließlich der Philosophie zuzuwenden.

Johannas Ziel war es, einen intellektuellen und kulturellen Salon einzurichten, doch das historische Geschehen ließ ihre Pläne eine Zeitlang in den Hintergrund treten. Napoleons Eroberungsschlachten führten in Städten wie Weimar zu Zwangseinquartierungen, Plünderungen und Verwüstungen. Johanna Schopenhauer beteiligte sich tatkräftig an der Versorgung der Verwundeten. Darüber hinaus profitierte sie von ihren exzellenten Französischkenntnissen, die es ihr ermöglichten, heikle Situationen zu entschärfen und gefährliche Konflikte mit marodierenden Soldaten zu schlichten. Bald hatte sie sich den Ruf einer couragierten, welterfahrenen Nothelferin erworben. Dabei unterstützt wurde sie von ihrer Tochter Adele, wie es in einem Brief an ihren Sohn vom 18. Oktober 1806 heißt: »Adele hatte sich den ganzen Tag, selbst in diesem schrecklichen Momente, nicht aus der Fassung bringen lassen, keine Träne, kein Angstgeschrei, immer ging sie neben mir, und wenn's ihr zuviel ward, küsste sie mich und drückte mich an sich und bat mich, nicht angst zu sein.« Ihr »niedliches« Französisch habe sogar einen Trupp betrunkener Husaren beeindruckt.

1806 bezog Johanna mit ihrer Tochter in Weimar eine Wohnung an der Esplanade und lud zweimal in der Woche zum Tee ein. Es dauerte nicht lange, bis sich dieser Treffpunkt zu einem angesehenen literarischen Salon entwickelte, in dem Berühmtheiten vorbeischauten wie Johann Wolfgang Goethe, Ludwig Tieck, Clemens Brentano, Wilhelm von Humboldt, Christoph Martin Wieland, Carl Ludwig Fernow, Friedrich und August Wilhelm Schlegel, Bettina von Arnim oder Fürst Pückler-Muskau. Johanna Schopenhauer vereinte Klugheit und Belesenheit mit der Begabung, Menschen miteinander ins Gespräch zu bringen: »Wir trinken Tee, sprechen, erzählen, lachen, klagen einander unser Leid.« Dafür standen mehrere Räume zur Verfügung, in denen parallel Theaterstücke mit verteilten Rollen vorgelesen, Vorträge gehalten, Premieren, Neuerscheinungen und eigene Texte diskutiert und kritisiert werden konnten. Musiker gaben Konzerte, Maler fertigten Porträts an – ein Kreis, wie ihn sich Johanna Schopenhauer schon immer gewünscht hatte. Er bildete eine Zeitlang das Gegengewicht zu dem Kriegsgeschehen, das den Alltag verdüsterte.

Der Einzige, der Johanna Schopenhauers gesellige Runden missbilligte, war ihr Sohn Arthur, so dass ihr nichts anderes übrigblieb, als ihn auszuschließen. Die Tochter Adele hingegen würdigte das Projekt ihrer Mutter: »Ihr Haus blieb eine Weile hindurch das Einzige, in welchem unausgesetzt Gastfreunde sich versammelten.« Es sei in ganz Deutschland bekannt gewesen.

Adele war bestrebt, der Kälte innerhalb der Familie mit Wärme entgegenzutreten. Sowohl ihrer Mutter als auch ihrem Bruder stand sie zwiespältig gegenüber und geriet bei ihren Vermittlungsversuchen immer wieder zwischen die Fronten. Doch das hinderte sie nicht daran, mit Arthur heimlich zu korrespondieren. Am 27. Oktober 1831 sollte sie noch einmal bekräftigen: »Ich glaube, es wäre gut, wenn die Mutter gar nicht ahndete, dass wir uns schreiben, bin aber auch bereit, es zu sagen, wenn du es willst.«

Der Wunsch, zu schreiben, entwickelte sich bei Johanna Schopenhauer spät. Anlass war der Tod des von ihr sehr geschätzten Philosophen Carl Ludwig Fernow. Neben Goethe war er ihr wichtigster Unterstützer gewesen. Die Biographin Laura Frost bezeichnet ihn als Johannas Freund und Lehrer, der »ihre ungeregelten und mangelhaften Kenntnisse« geordnet und vervollständigt habe. »Ein tiefes Gefühl« habe die beiden verbunden, Johanna habe ihm während seiner langen Krankheit zur Seite gestanden. Nach seinem Tod verfasste sie eine Biographie über ihn, damit sein Leben und Wirken nicht in Vergessenheit geriet. Dazu angeregt hatte sie der Verleger Johann Friedrich Cotta. Das Buch erschien 1810 in seinem Verlag in Tübingen. 1813/14 veröffentlichte sie ihre Reisebeschreibungen in zwei Bänden. 1819 erschien ihre erster Roman *Gabriele*: Die Protagonistin, eine intelligente, künstlerisch begabte Frau hat kein Glück in der Liebe, sondern erlebt eine Enttäuschung nach der anderen, so dass sie sich schließlich entscheidet, Entsagung als bevorzugte Lebenshaltung zu propagieren. Goethe attestierte dem Roman »große Reife« und Nähe zur Wirklichkeit. Die Autorin habe »die gewöhnlichen Lebensvorkommnisse sehr anmutig verarbeitet«. Weitere Romane folgten, darunter 1823 *Die Tante*, 1827/28 *Sidonia*. Johanna Schopenhauer wurde zu einer der meistgelesenen Schriftstellerinnen ihrer Zeit. 1830/31 erschien im Brockhaus-Verlag Leipzig eine 24 Bände umfassende Werksausgabe.

Bei einer so berühmten Mutter überrascht es nicht, dass auch die Tochter ein beachtliches Maß an Kreativität zeigte. Adele verfügte sowohl über schriftstellerisches als auch schauspielerisches Talent, war eine begabte Malerin und Zeichnerin und schuf erlesene Scherenschnitte. Goethe wurde zu ihrem Förderer. Er schrieb Gedichte zu einigen ihrer exquisiten Scherenschnitte und sorgte dafür, dass sie als Schauspielerin am großherzoglichen Hof engagiert wurde. Doch wie viele Multitalente konnte sie sich letztendlich für keine Kunstform entscheiden.

1809 lernte Adele in Goethes Haus Ottilie von Pogwisch kennen. Die beiden Mädchen schlossen schnell Freundschaft, die sich immer mehr intensivierte. So schrieb Ottilie an Adele: »Da fing mein Leben an, als ich Dich liebte«, und diese reflektierte in ihrem Tagebuch: »Ich passte nur zu Ottilien, ihre Phantasie, die Regellosigkeit des weit greifenden Geistes, die fesselfreie Empfindung aller Tiefen des Lebens und Liebens hatten mich verdorben für alles andere Leben.« Nur von Ottilie fühlte sie sich mit ihrer Angst vor »Lebenseinsamkeit« verstanden. Als sich die beiden Mädchen kennengelernt hatten, hatten sie sich allein und unverstanden gefühlt und sich zwischen Tagträumen und Phantasiewelten bewegt. Ottilies Mutter, Henriette von Pogwisch, eine Weimarer Hofdame, lebte getrennt von ihrem Mann. Adeles Vater war gestorben und ihre Mutter interessierte sich beinahe ausschließlich für ihren Salon und ihre schriftstellerische Tätigkeit. So waren die beiden Töchter weitgehend sich selbst überlassen gewesen.

Adele und Ottilie pflegten eine Liebesfreundschaft, wie es zu ihrer Zeit unter jungen Frauen üblich war. Dazu gehörten eine intensive Korrespondenz, in der sie sich ihrer Liebe überschwänglich versicherten, sowie das Verfassen und Teilen von zärtlichen Gedichten und Zeichnungen. In ihrem Tagebuch machte Adele Ottilie zu ihrer Dialogpartnerin, und in einem Brief an Ottilie beteuerte sie, dass sie nicht leben könne, wenn die Freundin nicht glücklich sei. »Du allein weißt alle meine Gedanken und empfindest ganz so wie ich.«

Die enge Freundschaft der beiden jungen Frauen schloss Rivalität nicht aus. So verliebten sich beide in denselben Mann, Ferdinand Heinke, einen preußischen Offizier. Doch dieser bevorzugte Ottilie, die als die bei weitem Schönere galt. Einzig Fürst Pückler-Muskau schwärmte von Adeles subtiler Attraktivität und erklärte, Adele sei »eines von den weiblichen Wesen, die entweder ganz kalt lassen, oder tiefes, unwandelbares Interesse erregen müssen«. Was er besonders schätzte, war ihre »natürliche Gewandtheit im Umgange bei der brennendsten Einbildungskraft, diese stille Herrschaft über sich selbst«. Doch das bewahrte Adele nicht vor Enttäuschungen, wie ihr Tagebuch verrät. Allerdings entwickelte sie mit der Zeit eine Strategie, mit der sie besser mit Niederlagen umgehen konnte: Sie kam Zurückweisungen zuvor. Im Fall Ferdinand Heinkes verzichtete sie auf das Liebesobjekt und beteuerte ihrer Konkurrentin Ottilie, dass ihr deren Glück mehr als alles andere am Herzen läge. Damit holte sie das Motiv der Entsagung, das in den Romanen ihrer Mutter eine wesentliche Rolle spielt, aus der Literatur ins Leben.

1813 schloss Johanna Schopenhauer Freundschaft mit dem Regierungsrat, Archivar und Schriftsteller Friedrich Müller von Gerstenbergk. Als er bei ihr einzog, leistete Arthur heftigen Widerstand. Er verlangte, dass der 14 Jahre jüngere Freund seiner Mutter das Haus verlassen sollte. Johanna verbat sich die Einmischung ihres Sohnes und verwies stattdessen ihn des Hauses. Endgültig. 1814 sahen sich Mutter und Sohn zum letzten Mal.

Aber auch Adele war von dem neuen Mitbewohner alles andere als begeistert – vor allem als ihr die Mutter vorschlug, den Hausfreund zu heiraten. Anscheinend wollte Johanna den jungen Mann unbedingt in ihrer Nähe behalten, weswegen sie sich nicht davor scheute, ihre Tochter zu instrumentalisieren. »Ihn heiraten wäre das Klügste – ich kann nur nicht!«, heißt es am 20. Februar 1817 in Adeles Tagebuch. Und sie tat es auch nicht. Sie fürchtete nicht, dass er sie nicht liebte, sondern dass die Leere in seinem Herzen ihn letztendlich doch zu »einem leidenschaftlichen Gefühl« für sie treiben würde, denn sie wusste: »Liebe wird's nie.« Noch immer war Ottilie, die im Juni 1817 Goethes Sohn August geheiratet hatte, die Ansprechpartnerin ihrer Aufzeichnungen.

Das Jahr 1819 wurde für Johanna Schopenhauer in mehrfacher Hinsicht schicksalhaft: Es war das Erscheinungsjahr ihres ersten Romans, *Gabriele*, mit dem sie ihren Ruf als erfolgreiche Schriftstellerin begründete. Doch es war auch das Jahr, in dem sie von massiven finanziellen Schwierigkeiten heimgesucht wurde. Das Handelshaus Abraham Ludwig Muhl & Co., bei dem sie ihr gesamtes Vermögen angelegt hatte, geriet in Zahlungsschwierigkeiten, und sie verlor bei einem Vergleich den größten Teil ihres Geldes. Arthur hatte sich schon vorher seinen Anteil am väterlichen Erbe auszahlen lassen, weil er befürchtet hatte, seine Mutter könnte es – genau wie den Erbteil seiner Schwester – für ihren Lebensunterhalt einsetzen.

Johanna Schopenhauers Romane, Reiseberichte und kunstkritische Schriften erfreuten sich zwar großer Beliebtheit und sicherten eine Zeitlang ihr tägliches Auskommen, dennoch mussten sie sich einschränken – ihren vormals hohen Lebensstandard konnten sie nicht mehr halten. Außerdem wurden Mutter und Tochter zunehmend von Krankheiten geplagt.

1829 verließen sie Weimar und zogen an den Rhein. Den Sommer über lebten sie im Landhaus einer Freundin Adeles in Unkel, den Winter über in Bonn, wo sie sich 1833 endgültig niederließen. Großherzog Karl Friedrich von Sachsen-Weimar gewährte der namhaften Schriftstellerin 1837 eine jährliche Pension, die es ihr ermöglichte, nach Jena zu ziehen. Dort verstarb sie am 16. April 1838 im Alter von 71 Jahren. Sie wurde auf dem Johannisfriedhof in Jena beigesetzt.

Während der Jahre an der Seite ihrer Mutter hatte Adele weitgehend auf ein eigenes Leben verzichtet. Ihre Heiratsversuche scheiterten alle – nicht nur an ihren hohen Ansprüchen, sondern vor allem an ihrer Unentschiedenheit. Wenn eine Beziehung beendet wurde, erklärte sie in ihrem *Tagebuch einer Einsamen* jedes Mal, dass sie sich zur

Entsagung entschlossen habe. Am 21. Februar 1826 zog sie endgültig Bilanz und kündigte an: »Ich werde diese Blätter nicht mehr fortsetzen – für wen? weshalb? Ich werde leben, tragen, dulden, hoffnungslos bleiben, freudenlos sterben, denn Leben und Tod sind mir, wenn ich's recht bedenke, gleich fern, beide dem Wunsche fremd!«

Zwei Jahre später trat unerwartet aber doch noch die große Liebe in ihr Leben. Auf einer Reise ins Rheinland lernte sie die Archäologin Sibylle Mertens-Schaaffhausen kennen und verliebte sich in sie. Die Zuneigung war gegenseitig. Nach kurzer Zeit lud Sibylle Adele ein, die Sommermonate zusammen mit ihrer Mutter in ihrem Landhaus in Unkel zu verbringen. Umgehend berichtete Adele ihrer ehemaligen ›Liebesfreundin‹ Ottilie, dass ihre Zuneigung endlich auf Gegenliebe gestoßen sei, und schwärmte: »Ich habe wieder eine menschlich-weiche Neigung in meinem vom Kummer versteinten Herzen – zu einer Frau, die im Wesen Dir und mir gleicht.«

Sibylle war eine selbstbewusste wohlhabende Frau, die es gewohnt war, ihr Leben selbst in die Hand zu nehmen – obwohl sie verheiratet war. Ihre Ehe mit dem 16 Jahre älteren Bankier Louis Mertens war von ihren Eltern arrangiert worden und das Zusammenleben vom ersten Tag an unglücklich, so dass sie getrennte Wege gingen. Doch auch das Leben an Adeles Seite stellte sich für Sibylle nicht als einfach heraus, und so wandte sie sich anderen Frauen zu, darunter die schottische Schriftstellerin und Feministin Anna Jameson und Marchesa Laurina Spinola aus Genua. Als Sibylle nach Laurina Spinolas Tod wieder zu Adele zurückkehren wollte, lehnte diese zunächst ab. Sie hatte sich mittlerweile als Schriftstellerin etabliert und konnte zahlreiche Veröffentlichungen vorweisen: Erzählungen, Märchen, Romane und – zusammen mit Ottilies Sohn Walther – ein Opernlibretto. Ihr *Tagebuch einer Einsamen* würde zu ihren Lebzeiten hingegen unveröffentlicht bleiben.

Nachdem Johanna Schopenhauer 1838 und vier Jahre später Louis Mertens gestorben waren, sahen sich Adele und Sibylle endlich in der

Lage, ihr Leben so zu gestalten, wie sie es wollten. Sie hielten sich meistens in Bonn, Florenz und Rom auf. Doch das Glück der Freiheit wurde getrübt durch Adeles Krebserkrankung, die sich zunehmend verschlimmerte. Sibylle stand ihr zur Seite und pflegte sie bis zu deren Tod am 25. August 1849. Ihr Grab befindet sich auf dem Alten Friedhof in Bonn. Auf dem Grabstein, den Sibylle Mertens für sie errichten ließ, ist zu lesen:

Hier ruht Luise Adelaide Lavinia Schopenhauer nach einem Leben von 52 Jahren, ausgezeichnet durch Herz, Geist, Talent, beste Tochter, zärtlich und treu ihren Freunden, ertrug sie mit edelster Seelenwürde Wechselfälle des Schicksals und lange, schmerzhafte Krankheit mit heiterer Geduld. Sie fand das Ende ihrer Leiden am 25. August 1849. Das Grabmal errichtete die untröstliche Freundin Sibylle Mertens-Schaaffhausen. ❖

Emilie und Franziska (Fanny) zu Reventlow

❖ Die Lieblosigkeit der Mutter ist in Franziska zu Reventlows Erzählung ihrer Kindheit zentrales Thema: In ihrem autobiographischen Roman *Ellen Olestjerne* (1925) fühlt sich die Protagonistin – Franziska zu Reventlows Alter Ego – verfolgt von mütterlichen »Feuerblicken«, die Strafen verheißen, oder von »Abscheu-Blicken«, die sie zu vernichten drohen. Es graut der Heranwachsenden vor der eisigen Stimmung, die zwischen ihr und ihrer Mutter herrscht – eine Kälte, die Franziska zu Reventlow selbst gut kannte.

> *Wieder schließt mich eine Mutter*
> *in die Arme – liebeleer.*
> *Und kalt sind meiner Mutter Lippen,*
> *ich habe keine Heimat mehr.*

So heißt es in einem Gedicht, das Franziska als 24-Jährige schrieb. Und in einem anderen:

Da erwachen in mir der Kindheit Tage,
ich denke der einsamen, freudlosen Zeit.
Aufs neue erwacht im Herzen die Klage,
des einsamen Kindes einsames Leid.

Zurückgestoßen vom Mutterherzen
mit kalter Hand und nie geliebt,
von unverstandnen, sehnenden Schmerzen
die kaum erwachte Brust durchbebt.

Franziska zu Reventlow wurde am 18. Mai 1871 im Schloss vor Husum als fünftes von sechs Kindern geboren und auf den Namen Fanny Liane Wilhelmine Sophie Auguste Adrienne Comtesse zu Reventlow getauft. Als Kind wurde sie Fanny genannt, später auch Franziska. Ihre Bücher veröffentlichte sie unter dem Namen F. Gräfin zu Reventlow. Ihre Eltern waren der königlich-preußische Landrat Ludwig Christian Detlev Friedrich Graf zu Reventlow und Emilie Julia Anna Luise Gräfin zu Reventlow, geborene Gräfin zu Rantzau.

In *Ellen Olestjerne* schildert Franziska zu Reventlow die Mutter als schöne stattliche Frau, die einen großen Haushalt führt, diese Aufgabe perfekt meistert, sich jedoch ständig überlastet fühlt. Für jedes anstehende Ereignis wird eine negative Wendung befürchtet. Die Tochter vermisst in ihrem Alltag Leichtigkeit, Liebe und Lebensfreude.

Leicht war das Leben für Emilie zu Reventlow sicher nicht. Als Ehefrau eines königlich-preußischen Landrats und Mutter von sechs Kindern trug sie eine große Verantwortung für die Familie und für das rege gesellschaftliche Leben, das mit dem Landratsamt verbunden war. Ein berühmter Freund der Familie, der ebenfalls in Husum lebende Dichter Theodor Storm, berichtet von den wöchentlich stattfindenden Abendessen im Schloss, bei denen bis zu zwanzig Personen anwesend waren. Emilie zu Reventlow nahm ihre Rolle als Gastgeberin ernst.

Theodor Storm schwärmte 1882 in einem Brief an den Dichter Paul Heyse: »Aber meine Gräfin ist nicht bloß eine ›schöne‹ Gräfin, das ist eine Frau auf Not und Tod für Alle, die sie liebt, sonst ginge sie auch mich nichts an.« Sie sei ihrem Mann geistig ebenbürtig, versicherte er, und er habe im Haus der Reventlows vielfache geistige Anregung empfangen. Der Dichter scheint für die Gattin des Landrats eine ganz besondere Vorliebe gehabt zu haben. In dem ihr gewidmeten Gedicht *Mit einer Handlaterne* heißt es:

> *Kleine freundliche Latern',*
> *Sei du Sonne nun und Stern:*
> *Sei noch oft der Lichtgenoß*
> *Zwischen Wasserreih und Schloß*
> *Oder – dies ist einerlei –*
> *Zwischen Schloß und Wasserreih!*

In der Wasserreihe hatte Theodor Storm mit seiner Familie gewohnt.

Emilie zu Reventlow verkörperte das Frauenideal des 19. Jahrhunderts. Das Glück, das sie für sich und ihre beiden Töchter ersehnte, beschränkte sich auf die häusliche Arbeit, die Freuden der Mutterschaft und die Pflichten der Ehefrau. Zu den weiblichen Tugenden der Selbstlosigkeit und Anpassung erzog sie ihre beiden Töchter – mit unterschiedlichem Erfolg: Agnes, die Ältere, erfüllte die mütterlichen Vorgaben mühelos, doch Fanny, die Jüngere, das phantasiebegabte, eigenwillige, »unmögliche« Kind, widersetzte sich schon früh. Sie wurde von der Mutter gemaßregelt und bestraft, fühlte sich vernachlässigt und ungeliebt.

Ihrem Jugendfreund Emanuel Fehling berichtete die Heranwachsende von dem gestörten Verhältnis zu ihrer Mutter. In einem Brief vom 16. April 1890 heißt es:

Sie kann mich nicht leiden, seit frühester Kindheit bin ich immer ein Stiefkind gewesen. Besonders ist sie in steter Angst, dass ich etwas tue, was sie nicht mögen. Sie können sich denken, wie grausam schwer diese häuslichen Verhältnisse sind, wenn man sich nach Liebe sehnt und immer zurückgestoßen wird; ich habe früher meine Mutter leidenschaftlich geliebt und förmlich danach gelechzt, von ihr geliebt oder wenigstens freundlich wie die anderen behandelt zu werden, aber allmählich hat sich das abgestumpft und erkaltet und es ist beinahe Krieg zwischen uns.

Drei Tage später gestand sie ihm:

Ich habe Ihnen unser Verhältnis durchaus nicht übertrieben, was Mutterliebe ist, weiß ich kaum; ich habe sie fast nie gefühlt, nur Kälte. Im höchsten Fall ist es eine gleichgültige Freundlichkeit, die Uneingeweihte vielleicht täuschen kann.

Fanny fühlte sich unter den Geschwistern – Agnes (1861–1947), Theodor (1862–1878), Ludwig (1864–1906), Ernst (1869–1943) und Karl (1874–1961) – als Außenseiterin. Die ältere Schwester Agnes konnte ihr in ihrer Angepasstheit kein Vorbild und keine Hilfe sein; die Brüder wurden von den Eltern gefördert und gingen eigene Wege. Nur dem jüngeren Bruder Karl, genannt Catty, war Fanny beinahe symbiotisch verbunden.

Als Fanny sechs Jahre alt war, begann ihre Mutter, sie im Lesen, Schreiben und Rechnen zu unterrichten. Das Stillsitzen fiel Fanny schwer und sie beneidete Catty, der draußen herumtollen durfte, während sie den pädagogischen Dressurakt über sich ergehen lassen musste. Die Mutter hatte kein Erbarmen mit der Tochter. Das eigentlich Quälende war allerdings nicht der Unterrichtsstoff – Wörter und Zahlen lernte Fanny schnell –, sondern die Strickarbeit, die zu einer Mädchenausbildung unbedingt dazu gehörte – jener »Strumpf, der nie ein

Ende nahm und auf den viele, viele Tränen hinunterliefen«. Ihre Kindheit kam ihr wie ein Umerziehungsprozess vor. Alles, was sie an Talenten, Fähigkeiten und Sehnsüchten mitbrachte, sollte erstickt werden. Die Mutter wollte aus ihr eine langweilige ›höhere Tochter‹ machen, sie zähmen und ruhigstellen.

Kurz nach ihrem Geburtstag riss sie mit ihrem kleinen Bruder aus. Unbemerkt liefen die Geschwister vom Garten auf die Koppeln. Obwohl es ihnen strengstens verboten war, überquerten sie den Wall – zu verführerisch war das »verlangende Hinüberschauen« auf ein Schützenfest. Die Leinwandzelte wirkten unwiderstehlich. Besonders faszinierend waren die Seiltänzer, fünf kleine Jungen, die sich in der Luft überschlugen, auf Stelzen liefen und Kunststücke vorführten. Ein Wohnwagen mit Blumen in den Fenstern regte Fannys Phantasie besonders an. Wie schön musste es sein, in einem solchen Gefährt durch die Welt zu reisen, jeden Morgen an einem anderen Ort aufzuwachen und immer wieder Neues kennenzulernen. Das fahrende Volk, Akrobatinnen und Artisten, Zirkus, Jahrmarkt blieben für Franziska zu Reventlow zeitlebens gleichbedeutend mit Sehnsucht und Freiheit.

Als ihr Bruder Theodor schwer erkrankte, veränderte sich das Familienleben dramatisch. Theodor war unter den Geschwistern der von Erkenntnisdrang getriebene ›Wissenschaftler‹. Er wollte Naturforscher werden und hatte sich sein Zimmer als Labor eingerichtet. Die Mutter kümmerte sich nun in erster Linie um ihren kranken Sohn, Fanny und Catty konnten relativ ungehindert und unbeaufsichtigt ihren wilden Spielen nachgehen. Am 21. Mai 1878 starb Theodor, im Alter von fünfzehn Jahren. Fanny war gerade sieben geworden.

Am meisten litt die Mutter. Sie würde den schweren Schicksalsschlag nie ganz überwinden. Für Fanny war diese frühe Konfrontation mit dem Tod eine prägende Erfahrung. Von allen negativen Gefühlen, die Fanny bedrängten, wurde Trauer das schlimmste, wie sie in unzähligen Tagebuchaufzeichnungen gesteht. Es machte sie starr und hilflos. Sobald sie es in Wut verwandeln konnte, ging es ihr besser. Erst dann fühlte sie sich wieder lebendig. Als ihr großer Bruder Theodor starb, war das allerdings nicht möglich. In das mehr oder weniger wohlgeordnete Leben der Familie brach mit Gewalt ein Unglück ein, auf das man nicht vorbereitet gewesen war und das alle Regeln und Vorschriften außer Kraft setzte. Eine Weile herrschte extreme Verunsicherung und Orientierungslosigkeit. Fanny erfuhr, wie fragil das Leben war und dass in seiner Nähe der Tod lauerte. Was war wichtig im Leben, wenn es doch offensichtlich an einem so seidenen Faden hing? Auf wen oder was sollte sie sich verlassen? Auf die Mutter sicher nicht.

Die Mutter wollte sich nach dem Tod ihres Sohnes verstärkt um die Erziehung ihrer widerspenstigen Tochter kümmern, doch die Trauer hatte ihr einen wesentlichen Teil ihrer Energie geraubt, so dass sie auf Hilfe und Unterstützung angewiesen war. Gouvernanten wurden eingestellt. Eine von ihnen verewigte Franziska zu Reventlow in ihrem Roman *Ellen Olestjerne* (1903). Die bedauernswerte Gestalt heißt dort Cläre Huhn und ist ihrem Zögling in keiner Weise gewachsen. Wie ihr muss es auch einigen Erzieherinnen im Schloss vor Husum ergangen sein.

Als Fanny vierzehn Jahre alt war und Catty auf das Husumer Gymnasium kam, wurde der Druck auf das Mädchen noch einmal erhöht. Das, was der Mutter bisher nicht gelungen war, sollte nun mit professioneller Konsequenz betrieben werden: die Erziehung Fannys zu einem braven Mädchen aus adeligem Hause. Dazu gehörten die obligatorischen Näharbeiten und der Tanzunterricht, aber vor allem das ständige Disziplinieren. Fanny leistete unermüdlichen Widerstand. Folgt man der Darstellung in *Ellen Olestjerne*, steigerte sich die Heranwachsende geradezu in fanatische Renitenz und verzweifelten Mut. Jede Strafe, jedes Verbot und jede ungerechte Behandlung erlebte sie als Stärkung ihres Willens und Freiheitsdrangs. Später würde sie sich einmal als Phönix bezeichnen, der nie zerbricht. Als junges Mädchen im Kampf gegen die Mutter erfand sie für sich eine Rolle, die sie ihr ganzes Leben lang vor verschiedenen Kulissen und mit unterschiedlichen Akteuren spielen würde: die der Rebellin.

Und sie entdeckte gleichzeitig noch etwas anderes: die eigene Weiblichkeit. Fanny tollte nicht mehr mit ihren männlichen Spielkameraden herum, auch der Wunsch, ein Junge zu sein, war verflogen. Zur Erziehung einer Comtesse gehörten Tanzstunden, die sie genoss. Den anderen Mädchen fühlte sie sich allerdings unterlegen, weil sie so schlecht angezogen war. Schon jahrelang trug sie dieselben alten Kleider, die immer wieder ausgebessert und geflickt wurden. Für die sparsame Mutter spielte es keine Rolle, ob sie hübsch oder gar modern waren. Fanny hatte das bisher auch nicht interessiert, aber jetzt stand sie stundenlang vor dem Spiegel und dachte über ihr Äußeres nach. Keinesfalls wollte sie als zurückgebliebenes Schlossfräulein gelten. Sie wollte gut aussehen. Sie wollte schön sein.

Im Sommer 1885 verreisten die Eltern für längere Zeit, die Gouvernante erkrankte und Fanny und Catty nutzten die Gelegenheit, um sich mit Gleichaltrigen herumzutreiben: Sie zogen durch die Straßen, warfen Steine in Fensterscheiben, klingelten an Haustüren und liefen weg. Die Abenteuer der jugendlichen Bande blieben in der kleinen Stadt nicht verborgen. Nach ihrer Rückkehr erfuhren die Eltern zu ihrem Entsetzen, dass ihre Tochter mit Jungen herumgelungert hatte. Daraufhin kam es zu einer heftigen Auseinandersetzung mit der Mutter, in der die Tochter »den Mut zu offener Auflehnung« fand.

Der Ausbruch gipfelte in Fannys Aufforderung, ihr doch am besten gleich eine Zwangsjacke anzulegen. Sie schrie der Mutter ins Gesicht. Und diese reagierte wie erwartet: mit Härte und wachsendem Misstrauen. Fanny erhielt Hausarrest und durfte nicht mit den Brüdern zum Schlittschuhlaufen. Worunter sie aber besonders litt, war, dass sie den rothaarigen Primaner, in den sie sich zwischenzeitlich verliebt hatte, nicht treffen konnte.

Irgendwann entlud sich der Zorn der Mutter auf ihre missratene Tochter mit einem heftigen Schlag ins Gesicht und der Aufforderung:

»Geh mir aus den Augen, ich hab's satt, mich mit dir zu quälen.« Es gab für Emilie zu Reventlow nur eine Lösung: Fanny musste fort, aber nicht so, wie es sich die Tochter erträumt hatte, nicht »in die Welt hinaus, in die unbekannte verheißungsvolle Welt«, sondern in ein anderes Gefängnis, nach Thüringen in das Freiadelige Magdalenenstift zu Altenburg.

Die Mutter setzte ihre ganze Hoffnung auf die erfahrenen Lehrkräfte des protestantischen Pensionats. Vergeblich. Die aufmüpfige Tochter wurde von der Schule verwiesen und kehrte am Ostermontag 1887 zurück nach Husum, wo sich die Auseinandersetzungen mit der Mutter fortsetzten. Dieses Mal war es ein Vertrauensbruch, der die Konfrontation auslöste: Emilie zu Reventlow hatte das Zimmer ihrer Tochter durchsucht, als diese ausgegangen war, und neben blumengeschmückten Fotos und Briefen ein dickes, in Leder gebundenes Buch mit selbstgeschriebenen Gedichten gefunden. Nach der Lektüre schleuderte sie es ihrer heimkommenden Tochter vor die Füße, zusammen mit einem Brief, in dem diese ihre unglückliche Situation im Elternhaus beklagte. Von nun an würde sie alle Briefe lesen. Schlimmer als diese Drohung empfand Fanny allerdings das vernichtende Urteil über ihre Gedichte: »Du hättest es verdient, dass ich es dir um die Ohren schlage. Was ist das für ein unerhörtes Zeug? Schämst du dich denn nicht, so was zusammenzuschmieren? Das hört jetzt auf, verstanden?« Franziska zu Reventlow verarbeitete diese heftige Auseinandersetzung mit ihrer Mutter in *Ellen Olestjerne*: Wie sie so war auch die Protagonistin wie versteinert, fühlte sich entblößt und schämte sich. Ihr war, als habe man ihr »alle Hüllen von der Seele gerissen«. Schließlich kam »eine sinnlose Wut über sie. – Sie schrie der Mutter alles ins Gesicht, was an Groll in ihr aufgespeichert war.« Die Mutter sah ein, dass sie zu weit gegangen war.

Es war der Vater, der die Notlage seiner jüngsten Tochter erkannte und Abhilfe schaffte. Zwar hatte er sich meistens stumm und unbeteiligt gezeigt, aber jetzt signalisierte er seine Unterstützung, wohl auch, weil ihn seine Tochter Agnes auf die Not ihrer kleinen Schwester aufmerksam gemacht hatte und er ihre Fürsprache ernst nahm. So war es vor allem Ludwig zu Reventlow zu verdanken, dass Fanny zu Verwandten aufs Land kam.

Ab Juni 1887 hielt sie sich abwechselnd bei ihrem Onkel auf Gut Kaltenhof, bei ihrer Tante Liane von Qualen, geborene Reventlow, auf Gut Wulfshagen und schließlich in Preetz in der Holsteinischen Schweiz auf. Dort lebte die jüngere Schwester der Mutter, Fanny Gräfin zu Rantzau, als Konventualin im Kloster. Sie war an Kunst und Literatur interessiert und der erste Mensch, der Fannys künstlerische Begabung erkannte und förderte. Sie hatte nicht nur Verständnis, sondern auch Freude an der »rastlosen Lebendigkeit« ihrer Nichte – ganz im Gegensatz zu ihrer Schwester Emilie. Für Fanny wurde ein Zimmer als Atelier eingerichtet und bald erhielt sie Unterricht bei einer Malerin und Bildhauerin, die in Paris und München gelebt hatte – »ein Wesen aus einer ganz anderen Welt«. Mit ihr lernte Fanny zum ersten Mal jemanden kennen, der sein Leben der Kunst geweiht hatte – eine Existenzform, die ihr ungemein imponierte. Es war das Gegenmodell zu dem, was ihr die Erwachsenen – allen voran ihre Mutter – bisher als Norm und Vorbild hatten aufdrängen wollen. In ihrer Tante und ihrer Zeichenlehrerin fand Fanny erstmals glaubwürdige weibliche Autoritäten, die sie zu einem eigenen, eigenständigen Leben ermutigten.

Am 1. Mai 1890, um halb zehn Uhr morgens, setzte sich Fanny an ihren Schreibtisch und verfasste einen Essay über die Situation der Frau, den sie in einen Brief an Emanuel Fehling kleidete. Sie beklagt darin die ungleichen Bildungschancen von Männern und Frauen, nennt sie unerträglich, »himmelschreiendes Unrecht« und »unter aller Menschenwürde«. Schlimmer noch: »die weibliche Erziehung ist eben das Unsinnigste, was es gibt«. Sie führt sich selbst als Beispiel an und berichtet, wie sie nach einer sorgenfreien, mit dem kleineren Bruder gemeinsam erlebten Kindheit plötzlich in die Grenzen einer weiblichen Sozialisation gewiesen worden sei. Nur unnötige Kenntnisse sollten ihr wie allen jungen Frauen eingetrichtert, die sinnlosesten Fertigkeiten vermittelt werden, um auch sie zu einem dieser »bleichsüchtigen, spitzenklöppelnden, interessenlosen Geschöpfe« zu machen, »die, wenn sie sich verheiraten, in Haushalts- und Kindergeschichten aufgehen und ihrem Mann unmöglich etwas sein können als eben seine Hausfrau«. Die Alternative, ledig zu bleiben, wäre das Leben einer »alten Jungfer«, der man keinen anderen Wirkungskreis zugestehe als »Kaffeeklatsch und Diaspora«. Der Grund für diese Diskriminierung liege darin, »dass man die Frau nicht als Selbst, nur als wesenloses Geschöpf« betrachte.

Fanny verlangte »Freiheit des Verkehrs und die Möglichkeit einer wissenschaftlichen und künstlerischen Bildung« für sich selbst und alle Frauen. Sie war sich sicher, auf dem besten Weg dahin zu sein, auch wenn sie selbstkritisch einräumte, manchmal etwas zu ungestüm vorzugehen bei dem Versuch, sich aus dem »Schein- und Lügenwesen« herauszuarbeiten. Ihr Ton war fordernd, energisch und kompromisslos.

Während dieser Zeit geschah im Hause Reventlow etwas, das schon zuvor einige Male passiert war: Die Mutter unternahm einen gewaltsamen Versuch, die Geheimnisse ihrer Tochter in Erfahrung zu bringen. Nachdem sie zufällig einen Brief von Karl Schorer, einem Freund Fannys aus dem verbotenen Lübecker Ibsenclub, zu dessen Mitgliedern Fanny zählte, gefunden hatte, brach sie den Schreibtisch ihrer Tochter auf, stieß auf die für Fanny so bedeutsame Korrespondenz und vertiefte sich in die philosophischen Liebesbriefe. Überraschend war dieser Vertrauensbruch nicht. Fanny lebte wie auf einem Pulverfass, das jederzeit zu explodieren drohte. Sie fühlte sich nicht respektiert. Schließlich war die Mutter schon häufiger in ihre Intimsphäre eingedrungen, hatte ihr das Buch mit den eigenen Gedichten höhnisch vor die Füße geworfen und sich nicht um die Gefühle und Belange der Tochter gekümmert.

Die Konsequenz: 1892 stellten die Eltern Fanny unter die Kuratel im Pfarrhaus von Adelby – der Auftakt für das letzte Kapitel der direkten Auseinandersetzung zwischen Mutter und Tochter. Fanny floh aus dem Pfarrhaus, verlobte sich mit dem Hamburger Gerichtsassessor Walter Lübke, ging nach München und besuchte eine private Malschule, in der im Gegensatz zu den staatlichen Schulen auch Frauen zugelassen waren. 1893 starb ihr Vater, ohne dass sie ihn noch einmal sehen durfte. Das bedeutete den endgültigen Bruch mit der Mutter und den Geschwistern.

Nach der kurzen Ehe mit Walter Lübke begann Franziska zu Reventlows neues, selbstbestimmtes Leben in der Schwabinger Boheme: ungebundene Liebe, erotische Abenteuer, freie Schriftstellerexistenz, Gründung einer Wohngemeinschaft. 1897 wurde ihr Sohn Rolf, dessen Vater sie nicht bekannt gab, geboren. »Ich will überhaupt lauter Unmögliches, aber lieber will ich das wollen, als mich im Möglichen schön zurechtlegen« – diese Maxime war Bestandteil ihrer unkonventionellen Selbstinszenierung, die ihr in den Schwabinger Künstlerkreisen große Bewunderung sicherte. Man nannte sie heidnische Madonna, moderne Hetäre, Virtuosin des Lebens, Grande amoureuse, Schleswig-Holsteinische Venus, Königin der Boheme, Inkarnation der erotischen Rebellion – die Liste der Zuschreibungen ist lang.

1900 entschied sich Franziska zu Reventlow, über ihre Kindheit zu schreiben und empfand die Arbeit daran als quälend. Doch sie gab nicht auf: Ihr autobiographischer Roman *Ellen Olestjerne* erschien 1903. Ihren Lebensunterhalt bestritt sie im Wesentlichen mit Übersetzungen aus dem Französischen. Sie bewegte sich in literarischen Kreisen, lernte Ludwig Klages, die Kosmiker um Alfred Schuler, Karl Wolfskehl und Ludwig Derleth sowie den Kreis um Stefan George kennen. 1903 gründete sie mit dem polnischen Glasmaler und Puppenspieler Bohdan von Suchocki und dem Schriftsteller Franz Hessel eine Wohngemeinschaft im Eckhaus Kaulbachstraße 63, die bis 1906 bestand.

Am 19. November 1905 starb Emilie Gräfin zu Reventlow. Im Tagebuch der Tochter findet sich nur der kurze Hinweis: »Nachricht von

Mamas Tod. Und doch einen Tag etwas heimwehig und melancholisch.« Die Mutter erschien ihr mehrmals in ihren Träumen, »da war sie immer so gut und sanft, wie ich sie fast nie gesehen hab«. Das Verhältnis der beiden Frauen hatte sich zwar in den letzten Jahren entspannt, die Mutter hatte gelegentlich größere Geldbeträge nach München geschickt, von Annäherung geschweige denn Versöhnung konnte aber keine Rede sein. Franziska zu Reventlow erbte 8000 Mark, doch die Auszahlung ließ auf sich warten. Ein Jahr später, im September 1906, wurde ihr mitgeteilt, dass ein Vertrag aufgetaucht sei, der die Auszahlung des Geldes verzögerte. Man wolle sichergehen, dass für den kleinen Rolf gesorgt sei. Danach wurde das Geld nicht mehr erwähnt. Franziska zu Reventlows lakonischer Kommentar: »Kein Geld haben ist noch keine Kunst, aber eins haben und nicht kriegen können.«

Die Erfahrung, dass die lange herbeigesehnte Freiheit ihren Preis hatte, blieb Franziska zu Reventlow nicht erspart. 1910, nach Jahren zunehmender materieller Not, folgte sie dem Rat ihres langjährigen Freundes Erich Mühsam und ging nach Ascona, der südlichen Dependance der Schwabinger Boheme. Der Monte Verità – der Berg der Wahrheit – am Lago Maggiore war eine Art Versuchslabor für alternative Lebensformen, das Künstlerinnen, Schriftsteller, Bohemiens, Frauenrechtlerinnen, Lebensreformer, Wissenschaftler, Naturheiler, Esoteriker aus ganz Europa anzog. Zur finanziellen Absicherung arrangierte Mühsam für sie eine Scheinehe mit einem baltischen Baron, doch das Geld, das ihr zugesprochen wurde, ging bei einem Bankencrash wieder verloren.

Für Franziska zu Reventlow wurde Ascona zum Schreibort. Dort entstanden ihre Romane: *Von Paul zu Pedro. Amouresken* (1912), *Herrn Dames Aufzeichnungen oder Begebenheiten aus einem merkwürdigen Stadtteil* (1913), der Schlüsselroman über die Schwabinger Boheme, und *Der Geldkomplex* (1916). 1917 publizierte sie ihre Sammlung skurriler Novellen unter dem Titel *Das Logierhaus ›Zur schwan-*

kenden Weltkugel‹. Franziska zu Reventlows letzter Roman *Der Selbstmordverein* blieb unvollendet. Er sollte erst 1925 aus dem Nachlass veröffentlicht werden.

Am 25. Juli 1918 stürzte Franziska zu Reventlow von ihrem Fahrrad. Dabei zog sie sich innere Verletzungen zu, die eine Operation am nächsten Tag erforderlich machten. Während des Eingriffs in der Clinica Balli in Locarno starb die 47-Jährige um 4 Uhr morgens an Herzversagen. Sie wurde auf dem Friedhof Santa Maria in Selva in Locarno beigesetzt. »Es verblieben Heimweh, Erinnerungen und ein Grab«, notierte ihr Sohn Rolf. Sie selbst hatte einmal – mitten im Leben – rückblickend und vorausschauend resümiert: »Ach, ich bin gelaufen, gelaufen, hingefallen, wieder aufgestanden, umgeworfen, wieder aufgesammelt, bis ich da angekommen bin, wo mein Ziel anfängt.« ❖

Liebe, Mutterschaft und Beruf

Marie, Irène und Eve Curie

Drei Frauen: eine Mutter, zwei Töchter. Und drei Nobelpreise! Aber nicht gleichmäßig verteilt: Die Mutter wurde zweimal, eine der beiden Töchter einmal mit dem renommiertesten Wissenschaftspreis der Welt ausgezeichnet. Marie Curie 1903 und 1911, ihre Tochter Irène 1935. Bis heute ist die Familie Curie unerreicht in ihrem naturwissenschaftlichen Engagement, ihren Entdeckungen und deren Würdigung.

Über Marie Curie sind unzählige Bücher geschrieben worden, angefangen mit der Biographie ihrer jüngsten Tochter Eve, die diese 1937, drei Jahre nach dem Tod der Mutter, publizierte und die in 30 Sprachen übersetzt wurde. Das Buch *Madame Curie* war auch Vorlage für den gleichnamigen Hollywood-Film, der 1943 in die Kinos kam. All das hätte sich die 24-jährige Maria wohl nicht träumen lassen, als sie sich 1891 auf den Weg nach Paris machte, um dort zu studieren.

Maria Salomea Skłodowska, die von der Familie Mania genannt wurde, kam am 7. November 1867 in Warschau zur Welt. Sie war das jüngste Kind des Lehrerehepaars Bronisława und Władisław Skłodowski und wuchs zusammen mit ihren vier älteren Geschwistern – drei Schwestern und einem Bruder – auf. Damals stand Polen unter russischer Herrschaft, der Unterricht in polnischer Sprache war verboten und konnte für die Skłodowski-Kinder nur geheim erfolgen. Die Mutter, die seit Marias Geburt an Tuberkulose gelitten hatte, starb 1878. Marias Vater war Physik- und Mathematiklehrer und förderte seine Kinder, besonders seine begabte jüngste Tochter. Er war von ihrer Wissbegierde und Lust am Lernen beeindruckt. Ihr besonderes Interesse galt der Literatur und den Naturwissenschaften, vor allem der Mathematik, dem Fach, das ihr Vater unterrichtete.

Damals war es Frauen untersagt, an der Warschauer Universität zu studieren, doch die junge Maria träumte davon, ihrem besetzten Land zu dienen und sich für den Frieden zu engagieren – und Bildung schien ihr das adäquate Mittel. Sie beschäftigte sich mit den Lehren von Louis Pasteur, Charles Darwin und Claude Bernard. Zusammen mit ihren beiden älteren Schwestern Bronisława, genannt Bronia, und Helena, genannt Hela, besuchte sie die verbotenen Kurse der illegal operierenden ›Fliegenden Universität‹, die sich dafür wechselnde Räume suchte. Anfangs galt ihr Interesse vor allem den Fächern Anatomie und Biologie.

Bronias Wunsch war es, in Paris Medizin zu studieren und Ärztin zu werden. Maria versprach ihr, sie zu unterstützen und später nachzukommen. Eine Zeitlang arbeitete sie nach der Schule als Hauslehrerin und ließ ihrer Schwester das verdiente Geld zukommen. Als diese es nicht mehr benötigte, ging sie, wie verabredet, ebenfalls nach Paris, wo sie Physik studieren wollte. »Sie ist getragen von einem stählernen Willen, von einer Besessenheit zur Vollendung, einem unvorstellbaren Eigensinn«, so ihre Tochter Eve in der von ihr verfassten Biographie. »Systematisch und geduldig erreicht sie jedes Ziel, das sie sich gesteckt hat.« 1893 war sie Erste im physikalischen und 1894 Zweite im mathematischen Lizentiat.

Anfang 1894 lernte Maria den Physiker Pierre Curie kennen. In ihrem Tagebuch erinnert sie sich an das erste Treffen: »Wir sprachen über wissenschaftliche Fragen und ich war glücklich, mich mit ihm beraten zu können.« Er verliebte sich in sie und machte ihr einen Heiratsantrag, den sie jedoch zunächst ablehnte. Sie fürchtete, als seine Ehefrau in Paris die Nähe zu ihrer Familie zu verlieren, die ihr so wichtig war. Viele Jahre später sollte sie eine Hymne auf die Familie verfassen und an Bronia schreiben, die seit 1898 wieder in Polen lebte: »Glaub' mir, die Gemeinschaft der Familie ist ja doch das einzig Gute. Ich, die ich sie entbehre, muss es wissen. Trachte aus diesem Besitz Stärkung zu gewinnen, und vergiss nicht Deine Schwester in Paris: Wir wollen uns sehen, so oft es geht.«

Nachdem Pierre in Erwägung gezogen hatte, mit ihr nach Polen zu gehen, willigte Maria in die Heirat ein und teilte ihrer Freundin Kazia mit: »Wenn Du diesen Brief erhältst, wird Deine Mania einen anderen Namen tragen. Ich werde den Mann heiraten, von dem ich Dir im vorigen Jahr in Warschau erzählt habe.« Es schmerze sie, »für immer in Paris zu bleiben«, aber das Schicksal habe es so gewollt, dass sie sich Pierre tief verbunden fühle und den Gedanken, sich zu trennen, nicht ertragen könne. »Wenn Du diesen Brief erhältst, schreibe mir: Madame Curie, Schule für Physik und Chemie, 42 Rue Lhomond. So werde ich von nun an heißen.«

Die Hochzeit fand am 26. Juli 1895 statt. Sie unterschied sich von allen anderen Hochzeiten, die Marie kannte: Es gab kein weißes Brautkleid, keinen goldenen Ehering, kein Hochzeitsessen, keine religiöse Zeremonie. Pierre war Freidenker, und Marie ging nicht mehr in die Kirche. Ein Notar war nicht nötig, da kein Besitz vorhanden war – abgesehen von zwei neuen Fahrrädern, die sie geschenkt bekommen hatten. Sie feierten eine schöne Hochzeit, »der weder Gleichgültigkeit noch Neugierde und Neid« beiwohnten, wie es in Eves Biographie heißt.

Das Leben der beiden Frischverheirateten bestand vor allem aus ihrer gemeinsamen Arbeit. Für beide hatte die wissenschaftliche Forschung absolute Priorität. Die Hausarbeit erledigte Marie nebenbei.

»Eine Frau kommt täglich für eine Stunde, um Geschirr zu waschen und die groben Arbeiten zu verrichten. Ich koche und räume selbst auf«, berichtete sie ihrem Bruder Josef Ende 1895 in einem Brief. Regelmäßig besuchten sie Pierres Eltern im nahegelegenen Sceaux. Sie hatten sich in deren Haus zwei Zimmer so eingerichtet, dass sie dort Teile ihrer Arbeit erledigen konnten, für die sie kein Laboratorium brauchten. »Unsere Arbeit ist davon nicht gestört«, versicherte sie.

Am 12. September 1897 wurde Marie Mutter einer Tochter, die sie Irène nannte. Ihr Ehemann war bei der Entbindung dabei gewesen, Marie hatte die Zähne zusammengebissen und die Schmerzen schweigend ertragen. »Das Ereignis wird ohne viel Umstände vor sich gegangen sein und wenig Geld gekostet haben«, vermutet Eve. Am Tag der Geburt ihrer ersten Tochter vermerkte Marie in ihrem Haushaltsbuch unter »Außerordentliche Ausgaben«: »Champagner 3 Francs. Telegramm 1 Fr. 10. Apotheke und Pflegerin 71 Fr. 50.«

Marie sei von Anfang an entschlossen gewesen, »Liebe, Mutterschaft und Beruf auf sich zu nehmen und sich nichts leicht zu machen«, erklärt Eve. »Der Gedanke, zwischen dem Familienleben und der wissenschaftlichen Laufbahn zu wählen«, sei ihr zu keinem Zeitpunkt gekommen. Sie verbrachte so viel Zeit wie möglich – morgens, mittags, abends – mit ihrer kleinen Tochter, wickelte und badete sie. Nachmittags fuhr die Amme, die sie einstellen musste, weil die Ärzte Marie verordnet hatten, das Stillen aufzugeben, das Kind spazieren. In diesen Stunden verfasste Marie Curie Aufsätze für ein Wissenschaftsmagazin. Hilfe wurde ihr von ihrem Schwiegervater zuteil, der sich um die kleine Irène kümmerte.

Auf der Suche nach einem Thema für ihre Dissertation begegnete sie den Arbeiten des Physikers Antoine Henri Becquerel. Sie waren brandaktuell und weitgehend unbekannt, eigneten sich also hervorragend für eine Doktorarbeit. Becquerel hatte bei der Analyse von Uransalzen eine eigenartige, vom Licht unabhängige Strahlung gefunden. Marie prägte für dieses Phänomen 1898 den Begriff Radioaktivität. Bei ihren Forschungen zur Radioaktivität entdeckten Marie und Pierre Curie im selben Jahr zwei Substanzen, die den gängigen Theorien über die Zusammensetzung der Materie widersprachen. Die eine nannte Marie Curie Radium, die andere – zu Ehren ihrer Heimat – Polonium.

Für ihre Forschung bekamen Marie und Pierre Curie an der Hochschule für Physik einen maroden Hangar mit Glasdach zur Verfügung gestellt. Marie Curie würde »die Jahre in dem elenden alten Hangar« als »die besten, glücklichsten, einzig und allein der Arbeit gewidmeten Jahre« ihres Lebens bezeichnen. »Manchmal musste ich einen ganzen Tag lang eine siedende Masse mit einer Eisenstange umrühren, die fast ebenso groß war wie ich. Wenn uns kalt war, stärkten wir uns mit einer Tasse heißen Tees, die wir beim Ofen einnahmen. Wir lebten wie in einem Traum, von der einen, einzigen Sache erfüllt.«

Es dauerte einige Jahre, bis es Marie Curie gelang, ein Dezigramm reines Radium zu kristallisieren. Im Mai 1903 reichte sie an der Sorbonne ihre Doktorarbeit ein. Einige Monate später wurden Henri Becquerel und Pierre Curie für den Nobelpreis vorgeschlagen. Pierre Curie schrieb daraufhin sofort an das Nobelkomitee, dass seiner Frau dieser Preis mindestens genauso gebühre wie ihm. Wenn sie ihn nicht bekäme, würde er den Preis nicht annehmen.

Marie und Pierre Curie traten von diesem Zeitpunkt an als Team auf und unterzeichneten alle Publikationen gemeinsam. Von 1899 bis 1904 veröffentlichten sie zahlreiche wissenschaftliche Arbeiten, darunter »Über die chemischen Wirkungen der Radiumstrahlen« von Marie Curie und Pierre Curie 1899, »Die neuen radioaktiven Substanzen und ihre Strahlung« von Marie Curie und Pierre Curie 1900, »Über die radioaktiven Körper« von Marie und Pierre Curie 1901. Am 25. Juni 1903 verteidigte Marie Curie ihre Dissertation »Forschungen über radioaktive Substanzen« an der Sorbonne.

Für die Entdeckung der Radioaktivität wurde der Nobelpreis für Physik 1903 zu einer Hälfte an Antoine Henri Becquerel und zur anderen an Pierre und Marie Curie verliehen. Marie war die erste Frau, die einen Nobelpreis erhielt. Sie schrieb am 11. Dezember 1903, einen Tag nach der offiziellen Feier, an ihren Bruder Josef: »Wir haben den Nobelpreis bekommen. Ich weiß nicht genau, wieviel er ausmacht, ich glaube, es dürften ungefähr siebzigtausend Francs sein. Das ist für uns sehr viel Geld.« An der Feier hätten sie nicht teilgenommen, sie habe sich nicht kräftig genug gefühlt für solch eine lange Reise in den Norden. Doch sie seien verpflichtet, innerhalb von sechs Monaten nach der Verleihung in Stockholm einen Vortrag zu halten. Wahrscheinlich würden sie zu Ostern fahren. Der Medienrummel war für sie eine lästige Begleiterscheinung. »Wir sind von Briefen und Besuchen von Photographen und Journalisten überschwemmt. Man möchte sich unter die Erde verkriechen, um Ruhe zu haben.« Zum Glück sei es ihnen wenigstens gelungen, »die Bankette zu vermeiden«, die man ihnen zu Ehren veranstalten wollte.

Pierre lehnte den Rummel genauso ab wie Marie. Nicht nur Ruhm und Ehre waren ihm gleichgültig, auch Neid und Konkurrenz, die unter einigen Wissenschaftlern herrschten, waren ihm fremd. Wie seine Frau wollte er ungestört seiner Forschung nachgehen. Die Sorbonne bot ihm einen gut dotierten, eigens für ihn geschaffenen Lehrstuhl für Physik an, für Marie war der Posten als Leiterin des Laboratoriums vorgesehen.

Ein Jahr nach der Nobelpreisverleihung war Marie wieder schwanger. Ihre Tochter Eve kam am 6. Dezember 1904 zur Welt. Marie schrieb im Frühjahr 1905 an ihren Bruder Josef: »Die Kinder entwickeln sich gut. Die kleine Eve schläft wenig und protestiert mit Energie, wenn ich sie wach in der Wiege liegenlasse. Da ich keine Stoikerin bin, trage ich sie auf dem Arm, bis sie wieder still ist.« Eve sah ihrer älteren Schwester nicht ähnlich: Sie hatte dunkle Haare und blaue Augen, Irène helle Haare und grünlich braune Augen. Marie war als Wissenschaftlerin und Mutter voll beschäftigt, wie sie Josef versicherte: »Ich habe mit meiner Wirtschaft, den Kindern und dem Laboratorium über Hals und Kopf zu tun.«

Am 19. April 1906 geschah das Unglück, das das Leben der Familie Curie für immer verändern sollte: Pierre Curie wurde auf dem Heimweg an einer Straßenkreuzung von einem Pferdefuhrwerk überfahren und war sofort tot. Marie erhielt die Nachricht am Abend. Sie konnte es nicht fassen und sprach ihn auch Wochen später in ihrem Tagebuch immer wieder direkt an: »Man bietet mir deine Nachfolge an, mein Pierre: deine Vorlesung und dein Laboratorium. Ich habe angenommen«, schrieb sie im Mai 1906. Sie wisse nicht, ob es richtig oder falsch sei. Doch auf diese Weise könne sie die Arbeit, die als gemeinsame geplant war, fortsetzen. »Manchmal scheint es mir, dass es mir auf diese Art am leichtesten fallen wird, zu leben, dann wieder glaube ich, dass ich verrückt bin, mich darauf einzulassen.« Sie konnte nicht fassen, dass sie leben sollte, ohne ihn zu sehen, ohne dem »lieben Gefährten ihres Lebens« zuzulächeln. »Auf dem Friedhof gestern wollte es mir nicht gelingen, die in den Stein gemeißelten Worte ›Pierre Curie‹ zu begreifen.«

An ihre Freundin Kazia schrieb sie 1907, ihr Leben sei so zerstört, dass es sich nie mehr einrichten werde. Sie habe sich entschlossen, diese Tatsache zu akzeptieren – schon um der Kinder willen:

Ich habe den Wunsch, meine Kinder so gut wie nur irgend möglich zu erziehen, doch auch sie sind nicht imstande, mich zum Leben zu erwecken. Sie sind beide lieb und gut und ziemlich hübsch. Ich tue, was ich kann, um ihnen Gesundheit und Widerstandskraft im Leben mitzugeben.

Jeder Tag habe »mit einer Stunde geistiger oder praktischer Arbeit« begonnen, erinnert sich Eve. Irène zeigte Interesse für Mathematik, Eve für Musik. Doch Marie förderte sie nicht nur in diesen Fächern, sondern bestand darauf, dass sie täglich an der frischen Luft spielten, spazieren gingen, Turnkurse absolvierten. »Sie müssen ihre Hände, ihren ganzen Körper andauernd betätigen, Gärtnerei, Bildhauerei betreiben, kochen und nähen.« Marie nahm so oft sie konnte an den Aktivitäten ihrer Töchter teil, unternahm Radtouren und ging mit ihnen schwimmen. Doch am wichtigsten war es für Marie, ihre Töchter nicht nur körperlich, sondern auch »seelisch zu stählen«. Hatte sie selbst als Kind unter Ängsten gelitten, so wollte sie diese ihren Kindern unbedingt ersparen. Dafür war es notwendig, sie zu Selbstbewusstsein und Selbstständigkeit zu erziehen. Schon früh ließ sie die beiden allein auf Reisen gehen, damit sie lernten, sich in der Welt zu behaupten. In Maries Erziehung hatten Strafen wie ›In-den-Winkel-gestellt-Werden‹ keinen Platz – von Ohrfeigen und anderen Züchtigungen ganz zu schweigen.

»War der Versuch Maries, ihr Wunsch, die Eigenart ihrer Töchter vom zartesten Kindesalter an zu bewahren, erfolgreich?«, fragt Eve in ihrem Buch und antwortet: »Ja und nein.« Nachdem sie die Erfolge aufgezählt hat, kommt sie auf das Thema »seelische Anfälligkeit« zu sprechen. Den Kampf dagegen habe ihre Schwester mit Erfolg geführt und letztendlich gewonnen, sie jedoch nicht: »Trotz aller Bemühungen meiner Mutter war meine Kindheit nicht glücklich.« Was Eve entbehrte, war ein liebevoller Umgang miteinander, der nicht nur den Töchtern, sondern wahrscheinlich auch der Mutter gefehlt habe. »Trotzdem empfanden wir den Charme und die verhaltene Zärtlichkeit der Frau, die wir in den einfältigen, tintenbekleksten Briefchen, die Marie bis zu ihrem Tod aufbewahrte, ›Geliebte Mé‹ nannten, und mit den zärtlichsten Kosenamen bedachten«, beteuert Eve.

Ein halbes Jahr nach Pierre Curies Tod hielt die junge Witwe und alleinerziehende Mutter ihre Antrittsvorlesung an der Sorbonne. Marie Curie war die erste Frau, die dort lehrte. 1908 wurde sie zur ersten ordentlichen Professorin für Physik ernannt. 1911 wurde ihr zum zweiten Mal der Nobelpreis verliehen, diesmal für Chemie.

Im Ersten Weltkrieg entwickelte Marie Curie einen mobilen Röntgenapparat, der vielen Verwundeten an der Front das Leben rettete. »Ich bin entschlossen, meine ganze Kraft in den Dienst meines Adoptiv-Vaterlandes einzusetzen«, verkündete sie. Doch sie musste mit ihren Kräften haushalten, die jahrzehntelange Arbeit mit radioaktiven Substanzen war nicht ohne gesundheitliche Folgen für die Beweglichkeit ihrer Hände und ihr Seh- und Hörvermögen geblieben. Das hinderte sie allerdings nicht daran, weiter zu arbeiten. Sie forschte im Labor, hielt Vorträge an der Sorbonne, unterrichtete, publizierte Aufsätze und Bücher über Radioaktivität. In einem ihrer letzten Vorträge bekannte sie: »Ich gehöre zu jenen, die glauben, dass Wissenschaft etwas sehr Schönes ist. Der Wissenschaftler in seinem Laboratorium ist nicht nur ein Techniker. Vor den Geheimnissen der Natur steht er mit der gleichen Andacht wie ein Kind vor einem schönen Märchen.«

Marie Curie starb am 4. Juli 1934 im Sanatorium Sancellemoz bei Passy an einer durch Schädigung des Knochenmarks verursachten Anämie – vermutlich eine Folge des jahrzehntelangen Umgangs mit radioaktiven Substanzen. Eve ist sich sicher: »Nun hat noch die Wissenschaft ein letztes Wort zu sprechen. Die abnormen Symptome, der Blutbefund, der von den bekannten Fällen perniziöser Anämie abweicht, verraten die wahre Ursache der Erkrankung: die Einwirkung des Radiums.«

Marie Curie wurde auf dem Friedhof von Sceaux neben ihrem verstorbenen Ehemann begraben. An der Beerdigung nahmen nur ihr nahestehende Menschen teil. Ihre Geschwister hatten polnische Erde mitgebracht, die sie in das offene Grab warfen. Der Grabstein trägt die Inschrift: »Marie Curie-Skłodowska 1867–1934«. Zurück blieben zwei Töchter, wie sie unterschiedlicher kaum sein konnten.

Für Irène war neben ihrer Mutter ihr Großvater väterlicherseits die wichtigste Bezugsperson. Er kümmerte sich um das Kind und hielt Marie den Rücken frei, während sie an ihrer Doktorarbeit schrieb. Nach dem Unfall ihres Vaters wurden Irène und ihre jüngere Schwester Eve von Kinderfrauen und Gouvernanten betreut. Zusammen mit einigen Universitätskolleginnen und -kollegen gründete Marie Curie eine Lerngemeinschaft, in der die Kinder der Hochschullehrenden nach modernen Unterrichtsprinzipien ausgebildet wurden. Dabei wurde Irènes Interesse für Naturwissenschaften, besonders für Physik, immer stärker – die Grundlage für ihr enges Verhältnis zu ihrer Mutter. Irène diskutierte täglich mit ihr, half ihr im Ersten Weltkrieg beim Röntgendienst an der Front und arbeitete nach Kriegsende im Labor. 1921 begann Irène, selbstständig Untersuchungen durchzuführen, unter anderem zum Thema der Alphastrahlung des Poloniums, über das sie 1930 promovierte. Ihre Dissertation widmete sie ihrer Mutter.

1926 erhielt die Familie Curie eine überraschende Nachricht, wie Eve berichtet: »Eines Morgens im Jahr 1926 teilte die verschlossene Irène den Ihren mit, dass sie sich mit Frédéric Joliot verlobt habe, dem glänzendsten und ideenreichsten Mitarbeiter des Radium-Instituts. Das Leben im Hause war auf den Kopf gestellt!« Im selben Jahr heirateten Irène und Frédéric, 1927 kam ihre Tochter Hélène zur Welt, 1932 der Sohn Pierre. Die Ehe wurde unter anderem eine äußerst erfolgreiche Forschungsgemeinschaft – wie einst die Ehe von Marie und Pierre Curie. Und die beiden Kinder, Hélène als Kernphysikerin und Pierre als Biochemiker, sollten einmal in die Fußstapfen ihrer Eltern und Großeltern treten.

Für die Entdeckung, dass sich Radioaktivität künstlich herstellen ließ, erhielt das Forscherpaar Curie-Joliot 1935 den Nobelpreis für Chemie. Den Moment, als sie Marie Curie das Ergebnis ihrer Forschung vorstellten, schildert Frédéric Joliot in seinen Aufzeichnungen: Er »werde niemals diesen Ausdruck intensiver Freude vergessen«, der sie überkam, als sie das erste radioaktive Element in dem kleinen Glasfläschchen sah: »Ich sehe noch immer vor mir, wie sie das kleine Röhrchen mit ihren von Radium geschädigten Fingern greift.« Sie habe sich den Geigerzähler nah an ihr Ohr gehalten, um selbst zu erleben, was ihr von ihrer Tochter und ihrem Schwiegersohn berichtet wurde, und habe den »zahlreichen Klicks« gebannt gelauscht.

Marie Curie war über den wissenschaftlichen Erfolg ihrer Tochter beglückt, doch die Verleihung des Nobelpreises erlebte sie nicht mehr: Die zweifache Nobelpreisträgerin starb dafür ein Jahr zu früh.

1936 wurde Irène Joliot-Curie von Premierminister Léon Blum als Staatssekretärin für Wissenschaft und Forschung in seine Volksfrontregierung berufen. Sie blieb allerdings nur vier Monate, weil sie dort von ihrem Vorgesetzten zu wenig Unterstützung erfuhr und ihr eine Professorinnenstelle an der Sorbonne angeboten wurde. Die Aussicht, sich weiter intensiv mit Physik zu beschäftigen, war für sie verlockender. Daneben engagierte sie sich politisch in der internationalen Frauen- und Friedensbewegung. Während der deutschen Besatzung ging sie mit ihren Kindern in die Schweiz, ihr Mann schloss sich dem aktiven Widerstand an. 1945 ernannte man sie zur Kommissarin der neuen französischen Atombehörde. Doch ihr Engagement gegen die Atombewaffnung und den NATO-Beitritt Frankreichs sowie die Mitgliedschaft ihres Mannes in der kommunistischen Partei führten dazu, dass beide vom internationalen wissenschaftlichen Informationsaustausch ausgeschlossen wurden. Irènes Amt bei der französischen Atombehörde wurde 1951 nicht mehr verlängert, so dass sie sich nun wieder verstärkt ihrer Lehrtätigkeit widmete. Doch gesundheitlich fühlte sie sich geschwächt, eine ganze Weile schon. Erholungsaufenthalte waren nun notwendig und sie benötigte immer längere Ruhepausen. Am 15. März 1956 starb Irène Joliot-Curie im Alter von 59 Jahren an Leukämie, vermutlich eine Folge ihres langjährigen Umgangs mit radioaktiven Substanzen – eine traurige Parallele zu ihrer Mutter.

Marie Curies jüngste Tochter, Eve, hatte im Gegensatz zu ihrer Mutter und ihrer Schwester kein besonderes Interesse an Naturwissenschaften. Ihre Leidenschaft galt der Musik. Von ihrer Mutter unterstützt, ließ sie sich zur Konzertpianistin ausbilden. Als ihre ersten Konzerte nicht von Erfolg gekrönt waren, wandte sie sich dem Schreiben zu und arbeitete als Musikkritikerin, Journalistin und Schriftstellerin. Ihre 1937 publizierte Biographie über ihre Mutter, *Madame Curie*, wurde ein Bestseller.

Das Buch enthält neben der Würdigung der großen wissenschaftlichen Lebensleistung von ›Madame‹ Curie einige Mutter-Tochter-Gespräche, in denen sich die Gegensätzlichkeit der beiden manifestiert, so zum Beispiel in Diskussionen über Kleidung und Make-up. Marie warf ihrer Tochter vor, zu viel Schwarz zu tragen. Dafür sei sie zu jung. Auch die hohen Absätze der Schuhe, die ihr wie Stelzen vorkamen, lehnte sie ab. Doch »der peinlichste Augenblick« war eines Tages gekommen, als es um das Schminken ging. Eve verrichtete diese Tätigkeit mit aller Sorgfalt und kehrte ihrer Mutter dabei den Rücken zu, bis sie von dieser aufgefordert wurde: »Drehe dich um, damit ich dich bewundern kann!« Marie Curie betrachtete ihre Tochter »mit wissenschaftlicher Gründlichkeit und Ehrlichkeit« – und zeigte sich bestürzt: »Nun ja, prinzipiell habe ich nichts gegen diese Malerei einzuwenden. Ich weiß, dass es von jeher Sitte ist. Die alten Ägypterinnen haben es noch weit ärger getrieben.« Sie jedoch fände es »abscheulich«, die Augenbrauen zu malträtieren und die Lippen in »völlig sinnloser Weise« zu schminken.

Im Zweiten Weltkrieg verließ Eve Frankreich und ging nach Amerika. Dort arbeitete sie als Kriegsreporterin für die amerikanische Zeitung *Herald Tribune Syndicate* und die englischen *Allied Newspapers*. Sie bereiste Kriegsschauplätze und lernte wichtige politische Größen ihrer Zeit kennen wie Winston Churchill, Eleanor Roosevelt, Indira Ghandi. Ihre Reisen führten sie nach Ägypten, Syrien, Russland, Birma, China, Indien und in den Iran. Die gesammelten Kriegsreportagen wurden 1943 unter dem Titel *Journey Among Warriors* veröffentlicht und für den Pulitzer-Preis nominiert.

Nach dem Zweiten Weltkrieg war Eve als Chefredakteurin bei der französischen Zeitung *Paris-Presse* angestellt. Von 1952 bis 1954 fungierte sie als Beraterin des ersten NATO-Generalsekretärs Hastings

Lionel Baron Ismay. 1954 heiratete sie den amerikanischen Diploma-
ten Henry R. Labouisse. Sie begleitete ihn auf seinen Reisen und lernte
neben Französisch, Englisch und Polnisch weitere Sprachen, darunter
Griechisch, als ihr Ehemann amerikanischer Botschafter in Griechenland war. Im Juni 1965 wurde er Direktor des Kinderhilfswerks
UNICEF. Im selben Jahr erhielt die Kinderhilfsorganisation den Frie-
densnobelpreis, den Henri Labouisse und Eve Curie-Labouisse in Oslo
entgegennahmen.

1987 starb ihr Ehemann, und Eve lebte fortan allein in New York.
Zu ihrem 100. Geburtstag erhielt sie Glückwünsche aus der ganzen
Welt, unter anderem vom amerikanischen und französischen Präsi-
denten sowie von UN-Generalsekretär Kofi Annan. Eve Curie-Labou-
isse starb am 22. Oktober 2007 – 51 Jahre nach ihrer Schwester und 73
Jahre nach ihrer Mutter – im Alter von 102 Jahren. Sie fand ihre letzte
Ruhestätte in New Orleans an der Seite ihres Mannes. ❖

Eine kühne und herrliche Tochter

Katia und Erika Mann

❖ Für die 22-jährige Katia Mann, geborene Pringsheim, wurde 1905 zu einem der aufregendsten Jahre ihres Lebens: Aus der verwöhnten einzigen Tochter einer begüterten Familie – Katia wuchs mit vier Brüdern auf – wurde innerhalb eines Jahres eine Ehefrau und Mutter – letzteres gegen den ausdrücklichen Rat ihrer Ärzte. Diese hatten ihr aus gesundheitlichen Gründen empfohlen, nicht zu früh Kinder zu bekommen. Dass es einmal sechs an der Zahl sein würden, das hatte sich damals wohl niemand vorstellen können. Doch die Heirat mit dem aus Lübeck stammenden Schriftsteller Thomas Mann bedeutete für Katia nicht, dass sie den Tochterstatus ablegte: Sie blieb auch als Frau Mann die Tochter Pringsheim, die jeden Wunsch erfüllt bekam und von ihrer Mutter dabei unterstützt wurde, sich in ihrer Rolle als Ehefrau und Mutter zurechtzufinden. Katia war doppelt abgesichert: Der Ehemann war ein erfolgreicher, gutverdienender Schriftsteller; und wenn es einmal knapp wurde, standen ihre Eltern parat.

Die Eltern, das waren der Mathematikprofessor und Ordinarius an der Münchner Ludwig-Maximilians-Universität, Alfred Pringsheim, und seine Frau Hedwig, geborene Dohm. Alfred Pringsheim stammte aus einem äußerst vermögenden Elternhaus, das es ihm unter anderem ermöglichte, für seine Familie ein prächtiges Renaissance-Palais in der Arcisstraße zu errichten. Hedwig Pringsheim, eine gebürtige Berlinerin, hatte eine Zeitlang der berühmten Theatergruppe ›Die Meininger‹ angehört. Sie war die älteste Tochter der bekannten Feministin Hedwig Dohm.

Gleich in den ersten Ehejahren wurden drei Söhne geboren. Am 24. Juli 1883 kam dann überraschend ein Zwillingspaar zur Welt, zuerst Klaus, dann Katharina, genannt Katia, die deshalb als das fünfte und letzte Kind galt. 1885 wurden die Zwillinge protestantisch getauft. Allerdings legte der Vater seinen jüdischen Glauben offiziell nie ab. Auch ließ er selbst sich nicht taufen, um seine Karriere zu sichern – aber nicht, weil er so tief im Glauben verhaftet war, sondern weil es ihm sein Stolz verbot. Er wollte sich von niemandem vorschreiben lassen, was er zu tun hatte.

Für Hedwig Pringsheim war ihre Tochter ein außergewöhnliches Kind. Sie schildert in ihrem »Kinderbüchlein«, in dem sie das Aufwachsen ihrer Kinder in Anekdoten dokumentiert, wie die fünfjährige Katia das Dienstmädchen kontrollierte, indem sie einen Bindfaden unter ihren Toilettentisch legte. Als sie später nachschaute, lag er immer noch da, woraus das Kind schloss, dass die Angestellte ihrer Arbeit nicht sorgfältig nachging.

Katia zählte zu den ersten Abiturientinnen Münchens. Da der Besuch eines Gymnasiums für Mädchen damals noch verboten war, hatte sie sich privat auf die Reifeprüfung vorbereitet, die sie mit hervorragenden Zensuren bestand: Griechisch, Französisch: ›sehr gut‹. Die Fremdsprachen blieben ihre Passion, was ihr später im Exil zugutekommen sollte. Sie studierte Physik und Mathematik, schloss das Studium wegen ihrer Heirat jedoch nicht ab. Es warteten nun neue Aufgaben auf sie.

Die Familie Pringsheim gehörte zu der Generation deutscher Juden, die sich primär als Deutsche, in ihrer Identität gefestigt und daher nicht bedroht fühlten. Juden – das waren in ihren Augen andere, zum

Beispiel Therese Giehse, die eines Tages von Erika mit nach Hause gebracht werden würde. Katia Mann sollte die Freundin ihrer Tochter in *Meine ungeschriebenen Memoiren* (1974) als »rein jüdisch« bezeichnen. Im Gegensatz zu Katia betrachtete Thomas Mann die Pringsheims und folglich auch deren Tochter aber durchaus als jüdisch: eine reiche einflussreiche jüdische Familie in München, deren Salon die Eintrittskarte in die gehobene Kulturszene bedeutete.

Nur wenige Monate vor dem Schicksalsjahr 1905 hatte der aus Lübeck stammende Schriftsteller die Villa der Pringsheims in der Arcisstraße zum ersten Mal betreten. In der Literaturszene war er da schon kein Unbekannter mehr. Bereits als 26-Jähriger hatte er sich mit dem 1901 veröffentlichten Roman *Die Buddenbrooks* einen Namen als Schriftsteller gemacht. Darin hatte er seine Familiengeschichte und das sie umgebende Beziehungsgeflecht dergestalt verarbeitet, dass er sich die Feindschaft seiner Heimatstadt zugezogen hatte. Da hatte er aber schon nicht mehr in Lübeck gelebt: Nach dem Tod seines Vaters, des Kaufmanns und Senators für Wirtschaft und Finanzen, Thomas Johann Heinrich Mann, der den Familienbetrieb heruntergewirtschaftet hatte, war die Familie nach München gezogen, erst die Mutter Julia Mann mit ihren jüngeren Kindern, dann 1893 die beiden älteren Söhne, Thomas und Heinrich.

München übte am Ende des 19. Jahrhunderts eine große Anziehungskraft auf Künstlerinnen und Künstler aus. Gefördert durch das großzügige Mäzenatentum des Prinzregenten Luitpold, genoss die Kunst hohes Ansehen in der Stadt. Das politische Klima galt als vergleichsweise liberal, kritische Zeitungen siedelten sich an, allen voran die *Jugend*. Die »illustrierte Wochenschrift für Kunst und Leben« war Teil und Namensgeberin einer Bewegung, die ganz Europa erfasst hatte: Art Nouveau in Frankreich, Modern Style in England, Sezession in Österreich und Jugendstil in Deutschland. Auf den Titelbildern wurden Frauen auf ganz neue Art und Weise präsentiert, zum Beispiel als reitende Amazonen.

Trotz frauenbewegter Großmutter war für Katia die weibliche Unterordnung unter den Willen ihres Mannes selbstverständlich. Dazu gehörte die Auffassung, dass ein Sohn mehr gilt als eine Tochter. Thomas Mann hatte das mehrfach geäußert. Ein Sohn sei für ihn »poesievoller, mehr Fortsetzung und Wiederbeginn meiner selbst«, schrieb er seinem Bruder Heinrich.

Dementsprechend groß war Katias Enttäuschung, als am 9. November 1905 ihr erstes Kind zur Welt kam – und ein Mädchen war. Das sollte ihr noch zwei weitere Male widerfahren. »Ich war immer verärgert, wenn ich ein Mädchen bekam, warum, weiß ich nicht«, heißt es in ihren *Ungeschriebenen Memoiren*. Ihre Erstgeborene nannte sie Erika – nach ihrem Lieblingsbruder Erik.

Hedwig Dohm reagierte auf die befürchteten Klagen Thomas Manns mit den Worten, er sei ein »verdammter alter Anti-Feminist«. Damals wusste noch niemand, dass die unerwünschte Tochter einmal sein »kühnes und herrliches« Lieblingskind werden würde.

Doch zunächst bestimmte die Bevorzugung des männlichen Geschlechts weiterhin das Frauenbild der Familie Mann. So berichtete die jüngste Tochter Elisabeth dem Filmregisseur Heinrich Breloer bei den Dreharbeiten zu seinem Film *Die Manns – Ein Jahrhundertroman* (2001), sie habe von jeher gewusst, dass sie nie eine große Konzertpianistin werden würde und sich daher auch nicht darum bemüht. Die Eltern hätten ihr und ihren Geschwistern vermittelt, dass es Mädchen in der Kunst nie so weit bringen würden wie Jungen. Das habe sich fest in ihr eingeschrieben.

Am 11. Februar 1905 hatten Thomas Mann und Katia Pringsheim standesamtlich in München geheiratet. Thomas Mann war 29, Katia 21 Jahre alt. Zunächst wohnten sie in einer großen Sieben-Zimmer-Wohnung in der Münchner Franz-Joseph-Straße. 1910 bezog die junge Familie mit ihren beiden Erstgeborenen – 1906 war mit Klaus der ersehnte Sohn zur Welt gekommen – eine Wohnung in der Mauerkircherstraße, die den Ansprüchen der schnell wachsenden Familie gerecht wurde. Golo wurde 1909, Monika 1910 geboren.

Im Sommer 1911 wurde bei Katia Tuberkulose diagnostiziert und eine Kur in Davos empfohlen, die sie 1912 antrat. In ihren *Ungeschriebenen Memoiren* erklärt sie: »Es war Sitte, dass jene, die es sich leisten konnten, nach Davos oder Arosa geschickt wurden.« Auch in den folgenden Jahren hielt sie sich immer wieder in Sanatorien auf, manchmal monatelang. In dieser Zeit wurden ihre Kinder von Kinderfrauen betreut, später übernahm Erika zeitweise die Rolle der Mutter und kümmerte sich um ihre jüngeren Geschwister. Von Katias ausführlichen Berichten und Briefen aus ihrer jeweiligen Kur ließ sich Thomas Mann zu seinem Roman *Der Zauberberg* (1924) inspirieren.

Ab 1914 wohnte die Familie Mann, wiederum von Katias Eltern unterstützt, in der imposanten Herzogpark-Villa in der Poschingerstraße, die ein Jahr zuvor gebaut worden war und drei Etagen umfasste. Es war die passende Umgebung für Erika, Klaus und ihren Freundeskreis: wild, einsam, unbeaufsichtigt. »Vorsicht, die Mannkinder!« lautete eine Warnung innerhalb der Nachbarschaft, weil es die Herzogparkbande oft toll trieb. Zu dieser gefürchteten Bande gehörten neben Erika und Klaus die Töchter des Dirigenten Bruno Walter und seiner Frau Elsa, Gretel und Lotte, sowie Richard, genannt Ricki, Hallgarten. »Wir mystifizierten, logen, täuschten mit Glanz und mit einer Leichtigkeit, die beneidenswert war, wir waren eingespielt aufeinander, ein tolldreistes Ensemble, nie klaffte ein Riss in unseren Netzen«, so Erika Mann über »die böse und einfallsreiche Horde«.

Erika Mann genoss eine privilegierte Kindheit. Zunächst besuchte sie zusammen mit ihrem Bruder Klaus und den Nachbarskindern die altmodisch-gediegene Privatschule der Schwestern Ebermayer in der Schraudolphstraße. Jeden Tag machten sie sich auf den Weg vom Herzogpark nach Schwabing. Dort bildeten sie eine verschworene Gemeinschaft, die sich von den anderen Mitschülerinnen und Mitschülern absonderte, ihre eigenen Spiele spielte, ihre eigene Sprache sprach und die Lehrenden zur Verzweiflung brachte. Dabei erfuhren Erika und Klaus uneingeschränkte Unterstützung von ihren Eltern, wodurch das Bewusstsein, etwas ganz Besonderes zu sein und sich alles erlauben zu können, immer mehr wuchs. Die Welt schien sich um sie zu drehen. Doch der Erste Weltkrieg störte diesen Eindruck und die permanente Selbstinszenierung der Kinder empfindlich.

Vom Kriegsausbruch hatten sie in Bad Tölz erfahren, ihrer Sommerresidenz, in der sie gerade ein Theaterstück einstudierten. Bereits 1908 hatte Thomas Mann ein großes Grundstück in Bad Tölz gekauft und sofort mit dem Bau der von ihm geplanten Villa begonnen. Im Dezember war der Rohbau fertig geworden, so dass die Familie schon im nächsten Jahr erstmalig den Sommer dort verbringen konnte. Alle Familienmitglieder hielten sich gerne dort auf. Die Kinderfrau hatte die Nachricht vom Kriegsausbruch allerdings zur unpassendsten Zeit verkündet, war mitten in eine Theaterprobe hineingeplatzt. Hätte sie nicht warten können, bis die Probe oder wenigstens der Monolog vorbei war, den die Cousine gerade inbrünstig deklamierte? Erst die Störung der gewohnten häuslichen Ordnung und das seltsame Verhalten der Eltern ließen sie den Ernst der Situation erahnen. Doch bis Erika und Klaus die Veränderungen am eigenen Leib verspürten, sollte es noch eine Weile dauern.

Erst allmählich ließ sich der großbürgerliche Lebensstil, der das Aufwachsen der Mann-Kinder geprägt hatte, nicht länger aufrechterhalten. Der Winter 1916/17, der als Steckrüben- oder Kohlrübenwinter in die Geschichte einging, setzte auch der Familie Mann empfindlich zu. Die Gründe für den schlimmsten Winter der gesamten Kriegszeit lagen unter anderem in der englischen Seeblockade, der Kriegswirtschaft, Kälteeinbrüchen und Ernteausfällen. Neben dem Lebensmittelmangel erschwerte die Heizmittelknappheit das Alltagsleben. In der Münchener Villa in der Poschinger Straße fiel die Heizung sogar komplett aus.

In ihren *Ungeschriebenen Memoiren* erzählt Katia Mann von den Schwierigkeiten, während des Ersten Weltkriegs »eine Familie mit vier heranwachsenden Kindern« zu ernähren. Sie habe sich als Mutter für deren Wohlbefinden verantwortlich gefühlt und es sich nicht leicht gemacht. Oftmals sei sie den ganzen Tag mit dem Fahrrad in München herumgefahren, »um da und dort etwas aufzutreiben«. Mit dem Schwarzmarkt habe sie nichts zu tun haben wollen, doch irgendwann sei ihr nichts anderes übriggeblieben, als ihn aufzusuchen. In der Familie sei die Stimmung manches Mal bedrückt gewesen, aber von Verzweiflung konnte nicht die Rede sein. Dazu gab es zu viele positive Erlebnisse: Ein junger Mann bot ihr an, ihr bei der Lebensmittelbeschaffung zu helfen und Butter und Eier zu organisieren, wofür sie ihm sehr dankbar war, denn es bedeutete eine gewisse Entlastung; und gegen Ende des Krieges ließ ein freudiges Ereignis die Unbill der Zeiten in den Hintergrund treten – Katia brachte ein weiteres Kind zur Welt. Elisabeth wurde 1918 geboren. Ein Jahr später folgte Michael. Das veranlasste den jungen Lieferanten zu dem ebenso verständnislosen wie mahnenden Kommentar: »Scho wieder, Frau Doktor? Den kann i nimmer ernährn!«

Der junge Helfer war für sie ein Glücksfall – im Gegensatz zum Kohlenlieferanten. Dieser hatte angeboten, Kohlen zu liefern, wenn Katia zu ihm nach Hause käme, um die Modalitäten zu besprechen. Sie suchte ihn unter der von ihm angegebenen Adresse auf, fand ihn im Bett vor und verließ sofort die Wohnung. Nach einigen Tagen kam er unangemeldet spät am Abend in die Poschinger Straße und lud Kohlen und Koks vor ihrem Haus ab, so dass die Familie – völlig überrumpelt – gezwungen war, die Brennstoffe nachts in den Keller zu räumen. Es musste heimlich geschehen.

Obwohl die Familie Mann bei Kriegsende fünf Kinder hatte und ein sechstes unterwegs war, wurde sie gezwungen, in der Poschinger Straße Mieter aufzunehmen. Diesen »Mietzwang« empfand Katia als unerträgliche Belästigung. Doch am meisten bedauerten alle, dass sie das Landhaus in Tölz aufgeben mussten.

Dass es wenig zu essen gab, bei der Zubereitung improvisiert werden und man in der Villa zusammenrücken musste, weil wegen der

Kohlenknappheit nur wenige Räume geheizt werden konnten, empfanden die Kinder nicht als schlimm. Eine ganz andere Sparmaßnahme wurde für Erika jedoch zum einschneidenden Ereignis: Ihre Mutter nahm sie von der teuren Privatschule der Schwestern Ebermayer, ließ sie zunächst für ein Jahr die Bogenhausener Volksschule in der Nachbarschaft besuchen und schließlich von 1915 bis 1920 die Höhere Mädchenschule am St. Anna-Platz absolvieren.

Nach dem Krieg entschied Katia, ihre beiden Ältesten in die Bergschule Hochwaldhausen im hohen Vogelsberg zu schicken, in der die Reformpädagogik gepflegt wurde – eine Alternative zu den verstaubten Gymnasien. Doch weder Erika noch Klaus wussten das Verständnis der Lehrenden, die Schülermitbestimmung, das Landleben in Gemeinschaft zu schätzen, sondern fuhren fort mit ihren Streichen und ihrer Widerspenstigkeit. Selbst Lehrende, die sich um antiautoritäres Verhalten bemühten, wurden von ihnen aus Prinzip abgelehnt. Ihre Auflehnung war längst Selbstzweck geworden: Mittel der Selbstdarstellung und -behauptung. Den Eltern berichtete Erika, der Unterricht sei schlecht, die Lehrerenden inkompetent; sie fühle sich unterfordert. Diese Lügen konnte Katia nicht akzeptieren. »Ich denke, ich hätte etwas mehr Vertrauen und Aufrichtigkeit von Deiner Seite verdient«, schrieb sie an Erika. Schließlich sei sie ihr stets liebevoll begegnet und hatte gehofft, »dass es mit aller Verlogenheit und Schlauheit« ihr gegenüber vorbei sein würde.

Die Folge war, dass Erika nach vier Monaten schon wieder nach München zurückkehrte, knapp die Aufnahmeprüfung fürs Gymnasium bestand und schließlich im Frühjahr 1924 das Abitur an der Städtischen Höheren Mädchenschule an der Luisenstraße ablegte. Aus purer Liebe zu ihrer Mutter habe sie das Abitur »gebaut«, erklärte sie später. Ihr Zeugnis sei so miserabel gewesen, hätte für mehrere Fächer die Note »mangelhaft« aufgewiesen, dass es wohl einzigartig gewesen sein durfte. Sie habe es sich eingerahmt und in der Diele aufgehängt, so dass es jeder, der sie besuchte, sehen konnte. Anschließend hatte sie den Kameradinnen aus der Herzogparkbande verkündet, sie habe jetzt endlich das »Sau Sau Sau Sau-Kotz-Abitur« hinter sich.

Obwohl Katia das Verhalten ihrer Tochter nicht gutheißen konnte, hielt sie zu diesem »begabten Teufelchen« und stellte klar: »Vor allem stehe ich auf dem Standpunkt, dass man einem Menschen, den man hoch schätzt, Dinge, die man missbilligt, nachsehen muss, so lange es sich nicht um eine Niedertracht handelt.« Ganz anders urteilte sie über ihre mittlere Tochter Monika, die sie in Briefen als »dummes Kind« und »freche Törin« bezeichnete und der sie jedes Verständnis verweigerte. Erika schloss sich dieser Auffassung an, schaute auf ihre jüngere Schwester herab und kultivierte ihre enge Beziehung zur Mutter.

Viel mehr als die Schule interessierte Erika und ihren Bruder Klaus das Theater. Am Neujahrstag 1919 hatten sie den ›Laienbund Deutscher Mimiker‹, kurz ›Mimikbund‹, die Theatergruppe der Herzogparkbande, gegründet. Auch ihr Bruder Golo, der gerade mal zehn Jahre alt war, durfte mitspielen. Die erste Premiere fand am 12. Januar 1919 im Haus der Familie Mann statt. Als Bühne diente die geräumige Diele. Gegeben wurde Theodor Körners Komödie *Die Gouvernante*. Thomas Mann unterstützte die Aktivitäten der jungen Theatergruppe und verfasste selbst den Premierenbericht, in dem er Lob und Kritik ausgewogen verteilte. Die größte Anerkennung ließ er Erika und ihrer Verkörperung der Gouvernante »mit verständiger Distinktion« zukommen.

Allmählich erweiterte die Gruppe ihr Repertoire und bevorzugte vor allem Klassiker wie Lessing, Molière und Shakespeare. Man ging auf ›Gastspielreise‹ im Münchner Herzogpark: Die Aufführungen fanden in den Häusern der Mitglieder statt. Damals habe sie für sich das Theater als Beruf »erfunden«, berichtete Erika. Dazu trug entscheidend die Anerkennung bei, die sie vom Publikum, das überwiegend aus Verwandten, Bekannten und der Nachbarschaft bestand, erfuhr. Man attestierte ihr Talent, lobte ihre Darstellungsweise, ermutigte sie und prophezeite ihr Erfolg – ein Hoffnungsschimmer für die 16-Jährige, die es in dieser Zeit zu Hause nicht gerade leicht hatte. Als Älteste wurde sie dazu angehalten, im Haushalt mitzuhelfen – besonders in den Wochen, in denen ihre Mutter abwesend war, denn seit Katia Mann an Lungentuberkulose erkrankt war und sich 1912 der Kur in Davos unterzogen hatte, musste sie sich immer wieder zur Erholung ins Hochgebirge begeben.

Katia selbst war mit ihrer Rolle als Ehefrau und sechsfacher Mutter nicht immer zufrieden. »Ich habe in meinem Leben nie tun können, was ich hätte tun wollen«, heißt es in ihren Memoiren. Die Sanatoriumsaufenthalte dienten somit auch dazu, Distanz zu ihrer Familie zu entwickeln. »Ich habe hier viel Zeit zum Nachdenken, und da denke ich doch manchmal, dass ich mein Leben nicht ganz richtig eingestellt habe«, gestand sie ihrem Mann, »und dass es nicht gut war, es so ausschließlich auf Dich und die Kinder zu stellen.«

Trotz dieser sporadischen Zweifel spielte sie die Mutterrolle mit Verantwortungsgefühl und Phantasie. Im Gegensatz zu ihrem Mann, der das Familienleben als unumstrittene Autorität passiv dominierte, agierte Katia temperamentvoll. Sie war für ihre beiden ältesten Kinder Kumpel und Freundin, die mit ihnen gemeinsam Fremdsprachen lernte, wanderte, turnte, Tennis spielte, schwamm. Auch als Erzählerin und Vorleserin konnte sie es mit ihrem Mann aufnehmen. Dass sie trotzdem unzufrieden war und sich als »untaugliche Mutter« betrachtete, lag an den Ansprüchen, die sie an sich selbst stellte und notgedrungen auf ihre Tochter übertragen musste, als sie krank war.

Die Abwesenheit der Mutter führte bei Erika nicht etwa zu einer Entfremdung von dieser, sondern zu einem noch tieferen Zusammengehörigkeitsgefühl. Die Mutter war es, der sie von all ihren Erlebnissen und Abenteuern in unzähligen Briefen berichtete. »Mielein«, »Frau Obersüß«, »Frau Oberlieb«, »Frau von und zu Obersüßlich«, »Frau Süsiwert«, »Frau Süßengut« oder »Frau General-Süsi«, wie sie Katia zärtlich nannte, sollte an ihrem Leben Anteil haben, war Ratgeberin und exklusives Publikum.

Erika entwickelte zwar ein Verantwortungsgefühl gegenüber ihren jüngeren Geschwistern – die Grenze zur Bevormundung und Beeinflussung war nach deren Aussage fließend –, doch die sogenannten hausfraulichen Pflichten waren und blieben ihr fremd. Es zog sie hinaus in die Welt: Gleich nach dem Abitur ging sie nach Berlin, nahm Schauspielunterricht und stand 1925 zusammen mit Pamela Wedekind und Gustaf Gründgens in Klaus Manns erstem Theaterstück *Anja und Esther* (1925) auf der Bühne. Die Kritiken waren durchweg negativ. Auch Katia Mann kritisierte das erste Theaterstück ihres 18-jährigen Sohnes in einem Brief an Erika mit heftigen Worten: Das Milieu sei ihr zu krankhaft, doch am meisten störe sie die Figur des Erik, ein »kokainessender Sohn einer ingeniösen Zirkusreiterin«. Sein Leben bestehe aus Stepptanzen und Nachtlokalen – anderes wisse er nicht. Warum also einen solchen Protagonisten?

Auf das Stück folgte eine kurze Ehe mit Gustaf Gründgens, doch schon bald ging Erika wieder eigene Wege. Dazu gehörten eine Weltreise mit ihrem Bruder und die Teilnahme an einer Rallye quer durch Europa, bei der die leidenschaftliche Autofahrerin einen der ersten Preise gewann.

Gleich nach der Machtübernahme durch die Nationalsozialisten begab sich die Familie Mann 1933 ins Exil. Noch am 1. Januar 1933 hatte Erika Mann zusammen mit ihrem Bruder und Therese Giehse das Kabarett ›Die Pfeffermühle‹ gegründet, dessen Existenz in München allerdings nur von kurzer Dauer war. Durch die Heirat mit dem englischen Dichter W. H. Auden erhielt Erika einen englischen Pass und konnte mit der ›Pfeffermühle‹ in Europa auf Tournee gehen, bis die Lage immer bedrohlicher wurde. 1936 folgte sie ihren Eltern nach Amerika, arbeitete als Publizistin und hielt Vorträge. Im Zweiten Weltkrieg war sie Kriegsberichterstatterin für die BBC und nach Kriegsende Beobachterin der Nürnberger Kriegsverbrecherprozesse. Ihre letzten Lebensjahre stellte die »Tochter-Adjutantin« in den Dienst ihres Vaters als »Sekretärin, Biographin, Nachlasshüterin« und konkurrierte mit ihrer Mutter. Doch gelang es Katia immer wieder, sich durch ihren Optimismus und ihre Zuversicht als erste Vertraute ihres Mannes zu behaupten – Eigenschaften, die ihre Tochter zunehmend eingebüßt hatte.

1952 übersiedelte Erika mit ihren Eltern in die Schweiz, wo ihr Vater 1955 starb. Nun betrachtete es Erika als ihre Hauptaufgabe, die Nachlässe ihres Vaters und ihres 1949 durch Suizid verstorbenen Bruders Klaus zu verwalten. Gesundheitlich ging es ihr immer schlechter. Sie starb am 27. August 1969 im Kantonsspital Zürich an einem Hirntumor und wurde im Familiengrab auf dem Friedhof in Kilchberg beerdigt. Elf Jahre später fand hier auch ihre Mutter ihre letzte Ruhestätte. Katia Mann starb am 25. April 1980. Sie wurde 97 Jahre alt. ❖

Evangelia und Maria Callas

❖ Anfang Dezember 1923 setzten bei Evangelia die Wehen ein. Sie wurde ins New Yorker Flower Fifth Avenue Hospital gebracht, die Geburt verlief ohne Komplikationen, und so hielt sie bald ein gesundes, schwarzhaariges, großes, ungewöhnlich schweres Baby im Arm, das nur einen einzigen Fehler hatte: Es war ein Mädchen. Damit hatte Evangelia nicht gerechnet. Wenige Monate vor Marias Geburt war Evangelia Kalogeropoulou, geborene Dimitroadou, mit ihrem Mann George und ihrer ältesten Tochter von Athen nach New York ausgewandert. Kurz davor war ihr Sohn gestorben – eine schreckliche Tragödie für die Familie. Evangelia hatte sich nichts sehnlicher als einen neuen Sohn gewünscht und ein anderes Geschlecht gar nicht erst in Erwägung gezogen. Schließlich hatte sie ihren Mann zu einem Astrologen gesandt, um die günstigste Sternenkonstellation für die Zeugung eines Jungen zu berechnen.

Doch nun, am 3. Dezember 1923, war Maria Callas da. In ihrem Buch *My Daughter Maria Callas* (1960) berichtet Evangelia, Maria sei während eines heftigen Sturms geboren worden und das habe rückblickend Symbolkraft für sie, denn ihre Tochter sei ein Leben lang eine Quelle von Stürmen gewesen. Bereits der Geburtstag sorgte für Verwirrung, denn bald schon waren verschiedene Daten im Umlauf: Die Mutter gab den 4. Dezember an, in der Schule wurde der 3. Dezember eingetragen, Maria selbst feierte ihren Geburtstag am 2. Dezember, das Datum ihrer Geburtsurkunde.

Erst mit drei Jahren wurde das Kind in der griechisch-orthodoxen Kirche von Manhattan getauft: Maria Anna Callas. In der Familie wurde sie Mary gerufen. Den Familiennamen Callas hatte George Kalogeropoulos aus praktischen Gründen gewählt. Verkürzungen des komplizierten ursprünglichen Namens waren damals nach amerikanischem Recht unproblematisch.

Offensichtlich bestimmte die Trauer der Mutter um den verstorbenen Sohn die ersten Jahre von Marys Kindheit. Die Legende vom klugen, schönen Bruder, auf den die Mutter alle Hoffnungen gesetzt hatte, schwebte immer über der jüngsten Tochter. Ein Mensch, mit dem sie nur durch den ständigen Vergleich verbunden war, den sie zwangsläufig verlieren musste. Auch den Vergleich mit der Schwester verlor sie. Maria Callas schilderte ihre Schwester rückblickend als ein sehr hübsches Mädchen, wohingegen sie selbst unansehnlich, dick und kurzsichtig gewesen sei.

Die Ehe der Eltern war nicht glücklich. Sie hatten im August 1916 geheiratet, ein Jahr nachdem sie sich in Athen kennengelernt hatten. Evangelia war zu diesem Zeitpunkt siebzehn Jahre alt, ein hübsches blondes Mädchen. George war fast fünfzehn Jahre älter, ein gutaussehender Mann, der sich seiner Wirkung auf Frauen bewusst war. Nicht nur Evangelias Attraktivität hatte ihn angezogen, sondern auch die Tatsache, dass sie aus einer angesehenen wohlhabenden Familie stammte. Ihr Vater war Armeeoffizier. Musik und Literatur spielten eine wichtige Rolle in dem großen Haushalt. Evangelia hatte zehn Geschwister, die alle gern sangen und musizierten, was sie später immer wieder betonte, um Marias Talent auf ihre eigene Familie zurückzuführen.

George hingegen stammte aus bäuerlichen Verhältnissen und hatte an der Universität von Athen Pharmazie studiert. Wegen des Studiums hatte Evangelias Vater, dem die Herkunft seines Schwiegersohns nicht standesgemäß erschienen war, schließlich doch der Heirat zugestimmt. Nach der Hochzeit ließ sich das junge Paar in Meligala, einer Kleinstadt auf dem Peloponnes, nieder. 1917 wurde Tochter Yakinthy, genannt Jackie, geboren. 1920 kam Sohn Vasily zur Welt, der zwei Jahre später starb – ein furchtbarer Schlag für die junge Familie. Jeder flüchtete sich in eine Rolle, die Trost und Sicherheit versprach. George ging in seinem abwechslungsreichen Berufsleben auf, hatte Affären; Evangelia entwickelte sich zur herrschsüchtigen Hausfrau. 1923 entschloss sich George plötzlich, das Geschäft aufzugeben und nach Amerika auszuwandern – ein für seine Familie unverständlicher Schritt. Er hatte sie vor vollendete Tatsachen gestellt, nachdem die Überfahrt bereits gebucht gewesen war.

Evangelia konnte sich auch nach mehreren Jahren nicht daran gewöhnen, in New York von einem relativ bescheidenen Gehalt zu leben. Sie fühlte sich als etwas Besseres, und die griechische Nachbarschaft in Queens war nicht der Umgang, den sie sich für ihre Töchter wünschte. Von Anfang an wurden die beiden Mädchen in der typischen Weise der griechischen Auswandererfamilien erzogen: überbehütet und streng. Der neuen Umgebung, dem neuen Land stand man mit Misstrauen gegenüber. Für die Kinder war das eine besonders schwierige Situation. Aus Yakinthy war Jackie geworden. Sie war aus ihrer gewohnten Umgebung gerissen und in eine völlig fremde Welt gebracht worden. Mary dagegen wurde ins amerikanische Leben hineingeboren. Sie wuchs im Schutz ihrer großen Schwester auf, die sich liebevoll um sie kümmerte.

Die Ersparnisse, die die Familie Kalogeropoulos aus Griechenland mitgebracht hatte, waren bald aufgebraucht. Ein Freund lieh George Geld für einen eigenen Drugstore. Die Splendid Pharmacy wurde im Juni 1929 in der Ninth Avenue eröffnet. Diese Gegend, in der sich viele griechische Einwandererfamilien angesiedelt hatten, wurde ›Hell's Kitchen‹ genannt. Schon nach einem halben Jahr zeigten Wirtschaftskrise und Börsenkrach ihre Wirkung: Die finanzielle Situation des Geschäfts verschlechterte sich rapide. Die Streitigkeiten der Eltern eskalierten.

Eines Tages kam es zu einer gewaltigen Explosion. Der Anlass war banal: Evangelia half ihrem Mann im Drugstore beim Kassieren. Ein Kunde bedankte sich bei ihr mit einem charmanten Kompliment, was bei George zu einer Eifersuchtsreaktion führte. Er wies seine Frau zurecht, was für Evangelia das Fass zum Überlaufen brachte: Wie konnte es sich ein notorischer Frauenheld wie George erlauben, sie in einer solchen Weise zu maßregeln? Sie steigerte sich immer mehr in ihre Wut hinein, erlitt einen Nervenzusammenbruch und schluckte eine Überdosis Tabletten. Als die Kinder aus der Schule kamen, mussten sie mit ansehen, wie der Rettungswagen ihre Mutter ins Krankenhaus brachte. Die Folge: ein einmonatiger Klinikaufenthalt. Die Beziehung von Evangelia und George war danach endgültig und unrettbar zerstört. Jackie berichtete, die Eltern hätten von diesem Zeitpunkt an wie zwei Fremde unter einem Dach gelebt.

Auch der Drugstore war nicht mehr vor der finanziellen Pleite zu bewahren. Doch George war wahrscheinlich gar nicht so betrübt darüber, denn das gab ihm die Gelegenheit, als Vertreter eines Pharma-Großhandels durchs Land zu reisen. Evangelia nutzte seine Abwesenheit, um ihn bei ihren Töchtern schlechtzumachen und seine Unfähigkeit zu beklagen. Trotzdem blieb die Familie zusammen. Georges Ideenreichtum war unerschütterlich. Er entwickelte ein Mittel zur Behandlung von Zahnfleischerkrankungen und vertrieb es auf seinen Vertreterreisen. Dadurch konnte die Familie, die zwischenzeitlich auf billigere Wohnungen hatte ausweichen müssen, wieder in eine angesehenere Gegend ziehen: 157. Street West, Washington Heights. Das gefiel Evangelia, obwohl es einen erneuten Umzug erforderlich machte, so dass die kleine Mary im Alter von acht Jahren bereits fünf verschiedene Schulen besucht hatte.

Auf ihre schulischen Leistungen hatte das aber kaum Auswirkungen. Mary war ein fleißiges intelligentes Kind, das wegen seiner starken Kurzsichtigkeit in einer der ersten Reihen saß. Sie gehörte fast immer zu den Klassenbesten, konnte aber nirgendwo richtig Fuß fassen und Freundschaften schließen. Ihre sozialen Kontakte ergaben sich eher zufällig und waren nicht zuletzt von den Launen ihrer Mutter abhängig, die den Umgang ihrer Töchter streng überwachte. Mary war oft allein, und so machte sie aus der Not schließlich eine Tugend, indem sie sich einer Sache widmete, die ihr nicht nur Spaß machte, sondern ihr ein ganz eigenes Gefühl der Erfüllung gab: der Musik.

Wo und wann Maria Callas' besondere Begabung erkannt wurde, darüber gibt es zahlreiche sich widersprechende Legenden, von ihr selbst und von ihrer Mutter erzählt. Eine davon besagt, dass sie schon als kleines Mädchen, fast noch in der Wiege, in einer so ungewöhnlichen Weise gesungen habe, dass selbst die Leute in der Nachbarschaft aufgehorcht hatten. Ein anderes Mal heißt es, sie sei schon als Kind musikalisch anspruchsvoll gewesen und habe statt der griechischen Volksweisen, die ihr Vater so mochte, lieber Opernmusik hören wollen – was allerdings eher den Wunsch ihrer Mutter widerspiegeln dürfte. Später, als ihre Tochter längst berühmt war, antwortete Evangelia ohne zu zögern auf die Frage eines Interviewers, wann sie denn die besondere Begabung Marys erkannt habe: mit drei Jahren. An anderer Stelle erklärte sie, dass ihr die Stimme der zehnjährigen Mary außerordentlich erschienen war.

Auch in der Schule nahm man das Besondere an Marys Stimme wahr. Ein Lehrer sagte, sie habe eine Nachtigall in der Kehle, und in ihr Poesiealbum schrieben ihre Mitschülerinnen die besten Wünsche für »das Mädchen mit der goldenen Stimme« und »die zukünftige große Sängerin«. Sie selbst erinnerte sich: »Wenn ich sang, fühlte ich, dass ich wirklich geliebt wurde.«

Über ihre musikalische Förderung machte Maria Callas widersprüchliche Angaben. So berichtete sie ausführlich von dem musikalischen Drill, der unmittelbar einsetzte, nachdem ihre Mutter ihre Begabung erkannt hatte: Im Alter von vier Jahren hätte sie keine Chance gehabt, sich dagegen zu wehren – es war der Einstieg in eine Wunderkind-Karriere. Eine regelrechte ›Gesangsmaschine‹, die ihre Kunst abrufbereit präsentieren musste, sei aus ihr gemacht und die Kindheit ihr gestohlen worden. Doch wie streng und unbarmherzig war die musikalische Erziehung ihrer Mutter wirklich gewesen? Und wäre ohne diese Erziehung zur Musik aus Maria überhaupt das geworden, was schließlich aus ihr wurde? Maria Callas konnte diese Fragen nie eindeutig beantworten. Es gab nämlich auch eine andere Schilderung ihrer musikalischen Anfänge, die besagte, dass man sie gar nicht zum Üben habe anhalten müssen, denn Musik sei für sie, solange sie denken könne, das Wichtigste im Leben gewesen und das, was sie am meisten geliebt habe.

Tatsache ist, dass Mary und Jackie mit Erfolg an Musikwettbewerben teilnahmen – Mary singend, Jackie am Klavier –, so dass sich Evangelia in ihrer Wunderkind-Theorie bestätigt sah. Eine Weile vergaß sie ihre Nörgelei, lehrte die Mädchen Tango tanzen, spielte Szenen und ganze Stücke mit ihnen. Das war die andere Seite der Mutter, die sie nur selten auslebte: Einfallsreichtum, Spontaneität, Freude am Spiel. Die Kinder waren dann wie verzaubert. Aber die Stimmung konnte von einer Sekunde auf die andere umschlagen und alles Vorherige zunichtemachen. Das war es, was die beiden Mädchen fürchteten. Sie waren den exzentrischen Launen ihrer Mutter hilflos ausgeliefert.

Bald erkannte Evangelia, dass Amerika für die musikalische Entwicklung ihrer Töchter keine vielversprechende Perspektive bot. In ihr reifte der Entschluss, mit ihren beiden Töchtern und ohne ihren Mann nach Griechenland zurückzugehen. Ganz sicher würde die Familie sie herzlich aufnehmen und die begabten Kinder fördern.

Am 20. Februar 1937 brach Mary zusammen mit ihrer Mutter an Bord der Saturnia nach Griechenland auf. In ihren offiziellen Ausreiseunterlagen stand: »Sophie C. Kalos, 520 West 183rd Street, New York, student, 5 feet 7 inches tall, brown hair, brown eyes.« Jackie war schon Mitte Dezember 1936 vorausgeschickt worden.

Während der Reise hatten Mutter und Tochter mit der Seekrankheit zu kämpfen. Als Mary wieder gesund war, inspizierte sie das Schiff und entdeckte im Salon der Touristenklasse ein Klavier. Sie ließ sich sofort daran nieder, spielte vor sich hin und sang dazu, worauf der Kapitän sie um ein Konzert für die Offiziere und die Mannschaft bat. Es war ihr erster öffentlicher Auftritt außerhalb der Schule. Und so stand sie, ein dreizehnjähriges Mädchen im blauen Baumwollkleid mit weißem Bubikragen, das Haar sorgfältig frisiert, im Salon der Saturnia. Die Brille hatte sie abgenommen, bevor sie die ersten Töne anstimmte. Sie sang das »Ave Maria«, »La Paloma« und die geliebte »Habanera« aus der Oper *Carmen*. Das Publikum und der Kapitän waren begeistert und trauten ihren Augen kaum, als die junge Sängerin bei der – von Carmen an Don José gerichteten – Schlussphrase »Prends garde à toi! – Nimm dich in Acht!« aus einer der Vasen, die auf den Tischen standen, eine Nelke zog und diese dem Kapitän mit herausfordernder Geste, feurigem Blick und hinreißendem Lächeln zuwarf. Am nächsten Tag sandte er ihr einen Blumenstrauß und eine Puppe, zusammen mit einem Dankesbillet, auf dem zu lesen war: »Für Maria, die niemals mit Puppen gespielt hat.« Und so erhielt sie auf der Saturnia gleichzeitig den ersten Blumenstrauß ihrer Karriere sowie die allererste Puppe ihres Lebens.

Am Samstag, dem 6. März 1937 legte die Saturnia im Hafen von Patras an. Schon am nächsten Morgen ging es mit dem Zug weiter. Am Bahnhof von Athen erwartete sie ein regelrechtes Empfangskomitee, das aus Evangelias Schwestern, Brüdern, Schwägerinnen und Schwagern bestand. Mary sah sich einer unübersichtlichen Gruppe von unbekannten Menschen – ihren Tanten und Onkeln – gegenüber, die sie so herzlich empfingen und umarmten, als hätten sie sie schmerzlich vermisst. Als sie schließlich auch Jackie entdeckte, war sie überglücklich, ihre Schwester endlich wiederzusehen.

Was die finanziellen Verhältnisse ihrer Familie betraf, hatte sich Evangelia getäuscht. Zwar waren ihre Geschwister nicht arm, aber die Aussicht, ihre Schwester aus Amerika und deren zwei Töchter zu unterstützen, sorgte bei ihnen nicht gerade für Begeisterung. Eigentlich hätten es alle am liebsten gesehen, wenn die drei ›Amerikanerinnen‹ nach einem ausgedehnten Urlaub in Athen, den sie ihnen gerne ermöglichen wollten, wieder zurück nach New York gegangen wären.

Das hätte Mary auch am liebsten getan, sie hatte Heimweh nach New York, fühlte sich fremd in Athen – und wieder wurde die Musik für sie zur Retterin. Jeden Tag sang sie und übte Klavier. Mit Hilfe eines ihrer Onkel erhielt sie einen Termin am Nationalkonservatorium bei der berühmten Gesangslehrerin Maria Trivella. Diese war beeindruckt von der jungen Sängerin und erklärte sich sofort bereit, Mary, aus der in Griechenland Maria geworden war, zu unterrichten. Weil sie von der schwierigen finanziellen Situation Evangelias wusste, empfahl sie ihre neue Schülerin für ein Stipendium. Doch das Mindestalter dafür war sechzehn Jahre. Evangelia zögerte nicht lange: Sie fälschte Marias Geburtsurkunde, in dem sie die Jahreszahl 1923 durch 1921 ersetzte. Für sie war es eine Notlüge für einen guten Zweck.

Die Fortschritte ihrer Tochter waren für Evangelia der Grund, sich nach Höherem umzuschauen. Der spanischen Gesangslehrerin Elvira de Hidalgo, die am Athener Konservatorium lehrte, ging ein legendärer Ruf voraus. Evangelia überredete ihre Tochter zu einem Doppelspiel und arrangierte heimlich einen Termin bei Elvira de Hidalgo. Diese erklärte sich sofort bereit, Maria kostenlos zu unterrichten. Und so wechselte diese nach Ablauf des Schuljahrs auf das Athener Konservatorium. Maria Trivella bekam erst Bescheid, nachdem Maria bereits offiziell angenommen worden war.

Elvira de Hidalgo wurde nicht nur zu Marias musikalischer Bezugsperson, sondern auch zu ihrer emotionalen. So konnte sich Maria von ihrer Mutter abwenden, ohne mütterliche Zuwendung entbehren zu müssen. Für sie gab es nun eine gute und eine böse Mutter: Elvira wurde ihre Vertraute; Evangelia schrieb sie die negativen Aspekte zu. Sie habe aus ihr eine Vorsingmaschine gemacht, mit Zwang gearbeitet und ihr ihre Kindheit gestohlen. Elvira de Hidalgo dagegen habe nicht nur ihre Stimme geschult, sondern ihr darüber hinaus auch ein Selbstwertgefühl und Sicherheit gegeben.

Zu den zwei neuen Müttern gesellten sich 10 Jahre später zwei neue Väter: Im Abstand von wenigen Wochen lernte Maria die beiden Männer kennen, die in den kommenden Jahren ihre entscheidenden Förderer und Unterstützer sein würden: Giovanni Battista Meneghini und Tullio Serafin. Was sich dabei fortsetzte, war die Dualität, die sich als Grundmotiv durch ihr Leben zog: Die beiden weiblichen Karriere-Initiatorinnen Evangelia und Elvira wurden abgelöst von zwei männlichen Karriere-Beschleunigern.

Dem Opernliebhaber Giovanni Battista Meneghini begegnete Maria am 30. Juni 1947 in Verona. Sie verliebten sich ineinander – »wenn nicht auf den ersten Blick, so doch ganz sicher auf den zweiten«, so Maria Callas. Gegen den Willen ihrer Mutter, die mittlerweile immer mehr an Einfluss verlor, wurde er ihr Ehemann. Die Hochzeit fand am 21. April 1949 ohne die jeweiligen Familien statt. Evangelias Reaktion bestand darin, Maria darauf hinzuweisen, dass sie in erster Linie ihrem Publikum gehörte, nicht ihrem Mann.

Der zweite wichtige Mann, den Maria drei Wochen nach ihrer Begegnung mit Meneghini kennenlernte, war der Dirigent Tullio Serafin. »Eines der glücklichsten Ereignisse meines Lebens, vielleicht das glücklichste, war, dass er mein italienisches Debüt dirigierte – Verona 1947«, erklärte Maria Callas und machte an diesem Ereignis den eigentlichen Beginn ihrer Karriere fest. Immer wieder sollte sie betonen, dass Serafin sie künstlerisch gefördert habe wie kein zweiter. Er war es, mit dem sie ihre ersten großen Bühnenrollen – darunter auch ihre Schicksalsrolle Norma – erarbeitete und im Lauf der Zeit weiterentwickelte. Darüber hinaus verdankte sie ihm die Bekanntschaft mit einem anderen großen Magier der Bühne, der eine Zeitlang zu ihrem künstlerischen Partner werden sollte: Luchino Visconti.

1951 ging die mittlerweile weltweit gefeierte Operndiva Maria Callas auf Mexiko-Tournee – ein großer Triumph und zugleich eine große Anstrengung. Zu letzterer trug die Tatsache bei, dass sie ihre Mutter eingeladen hatte, sie zu begleiten. Evangelia genoss es, als Mutter der sensationellen europäischen Primadonna im Mittelpunkt zu stehen. Endlich hatte sie den Anteil am Erfolg ihrer Tochter, der ihr rechtmäßig zustand.

Als sich die beiden nach Marias letzter Aufführung am 27. Juni voneinander verabschiedeten, wussten sie noch nicht, dass sie sich nie wiedersehen würden. Dabei endeten ihre gemeinsamen Tage durchaus harmonisch. Maria, die den Aufenthalt ihrer Mutter komplett bezahlt hatte, schenkte ihr sogar zum Abschied noch einen teuren Pelzmantel. Doch sie konnte nicht ahnen, dass dieses großzügige Geschenk Evangelia zu weiteren Geldforderungen anregen würde.

Zwei Jahre später ging Evangelia mit einem Brief Marias an die Öffentlichkeit, in dem diese die finanziellen Ansprüche der Mutter für immer zurückgewiesen hatte. Dieser Brief war tatsächlich eine ebenso eindeutige wie endgültige Absage an die permanenten Geldforderungen ihrer Mutter gewesen. Maria hatte geschrieben, dass sie nicht verantwortlich für die finanziellen Verhältnisse ihrer Mutter und ihrer Schwester sei. Beide seien jung genug, um einen Beruf auszuüben und für sich selbst zu sorgen. Damit hatte sie sich in den Augen ihrer Mutter ein für alle Mal als herzlose Tochter und Schwester etabliert.

Maria brach die Beziehung zu ihrer Mutter zunächst nur ab, weil so viel Anstrengendes vor ihr lag und sie ihre Kräfte für ihre Arbeit brauchte. Der Bruch war als vorübergehender Selbstschutz gedacht, doch Evangelia provozierte er zu immer neuen Attacken. Ihr Rachebedürfnis war grenzenlos und ihre öffentlichen Anschuldigungen nahmen kein Ende. Sie gipfelten in ihrem Buch *My Daughter Maria Callas*, das streckenweise einer bösartigen Abrechnung gleichkommt. Maria, die sich alles andere als kompromissbereit oder diplomatisch verhielt und damit ihren Beitrag zu dem katastrophalen Verhältnis leistete, fühlte sich verletzt. Vor allem konnte sie nicht verstehen, warum ihre Mutter und ihre Schwester nicht stolz auf sie waren. Es gab doch genug Gründe dafür. Und sie begriff nicht, warum sich die beiden nicht wirklich für sie interessierten. In den letzten Jahren war jedes Lebenszeichen, das sie von ihnen erhalten hatte, eine mehr oder weniger geschickt verkleidete Bitte um Geld gewesen.

Ende der 1950er Jahre verlagerte Maria Callas ihre Darstellungs- und Selbstinszenierungskunst von der Bühne auf den Alltag. Melodramatische Opernelemente schlichen sich in ihr Leben, denn ein neuer attraktiver Protagonist hatte die Szenerie um die Diva assoluta betreten: Sie war eine Liebesbeziehung mit dem griechischen Reeder-Tycoon Aristoteles Onassis eingegangen und hatte im September 1959 ihre Trennung von Meneghini bekannt gegeben. Nun wurde der internationale Jetset Hauptspielort für Maria Callas. Auf den Opernbühnen war sie hingegen nun nur noch selten zu sehen.

Maria Callas reiste mit Onassis um die Welt und besuchte die Partys der Beautiful People und sogenannten ›Oberen Zehntausend‹. Die erwartete Hochzeit blieb allerdings aus. Maria Callas lebte überwiegend alleine in Paris. 1968 erfuhr sie durch die Medien, dass Onassis Jacqueline Kennedy geheiratet hatte. Auch in dieser Phase ihres Lebens wichen die Reporter und Fotografen nicht von ihrer Seite und kommentierten süffisant das Geschehen.

Ein letzter künstlerischer Höhepunkt für Maria Callas war die Zusammenarbeit mit dem Regisseur Pier Paolo Pasolini, der ihr 1969 die Titelrolle in seinem Film *Medea* anbot und ihr damit die Chance gab, ihre Schauspielkunst eindrucksvoll zu präsentieren. 1973 nahm sie den Vorschlag ihres Kollegen Giuseppe Di Stefano an, eine gemeinsame Comeback-Tournee zu veranstalten. Die erfolgreiche Tour endete im November in Sapporo. Folgeangebote schlug sie aus.

Zuletzt lebte Maria Callas zurückgezogen in Paris und nahm aus der Ferne Abschied von den Menschen, die ihr eine Zeitlang viel bedeutet hatten: Aristoteles Onassis starb am 15. März 1975. Pier Paolo Pasolini wurde am 2. November 1975 ermordet. Luchino Visconti starb am 17. März 1976. Ihr eigener Tod überraschte die Welt: Maria Callas starb am 16. September 1977 gegen Mittag an Herzversagen in ihrer Wohnung in der Avenue Georges Mandel. Ihre sterblichen Überreste wurden auf dem Friedhof Père-Lachaise eingeäschert und vorübergehend verwahrt. Im Juni 1978 wurde die Urne nach Griechenland transportiert und ihre Asche in der Ägäis verstreut.

Evangelia überlebte ihre Tochter um fünf Jahre. Sie starb im Alter von 80 Jahren am 20. August 1982 in Athen. ❖

Elisabeth Furtwängler, Kathrin Ackermann, Maria Furtwängler

❖ Im September 1966 erschien in der damals noch jungen Illustrierten *Jasmin – Die Zeitschrift für das Leben zu zweit* ein Foto, das Kathrin Ackermann mit einem Baby auf dem Arm zeigt. Die glückliche Mutter wird zitiert mit den Worten: »Als Maria auf die Welt kam, wurde sie mit Freudentränen begrüßt. Endlich ein Mädchen!« Das sei nicht nur ihr erster Gedanke, sondern der erste Gedanke der gesamten Familie Furtwängler gewesen. »Mein Mann hat vier Brüder, ich habe vier Brüder. Meine Mutter freute sich über die erste Enkelin nach acht Enkeln natürlich wahnsinnig.«

Marias Geburt war eine gelungene Überraschung, denn Kathrin Ackermann hatte während der gesamten Schwangerschaft eher das Gefühl gehabt, sie würde einen dritten Sohn bekommen. Darüber war sie beinahe verzweifelt und hatte der Hebamme fünfzig Flaschen Sekt versprochen, falls es doch eine Tochter werden würde. Heute wundert sie sich über diesen Einfall, denn die Hebamme konnte ja zu keinem

Zeitpunkt auf das Geschlecht des Kindes einwirken, aber damals entsprach dieser absurde Deal mit dem Schicksal ihrer Gemütsverfassung. Sie wünschte sich eben so sehr eine Tochter. Bis zum Schluss herrschte große Spannung und Unsicherheit, sogar noch während der Geburt. Als der Kopf des Kindes zu sehen war, meldete die Hebamme: »Ein typisches Bubenköpfchen.« Sie habe beinahe resigniert, gesteht Kathrin Ackermann, doch als dann »der Rest« kam, habe man festgestellt, dass es eben kein Bub war. Kathrin Ackermann war überglücklich, obwohl sie das Neugeborene mit dem winzigen Kinn und der großen Nase nicht schön fand. »Ich dachte, es ist hässlich, aber das ist egal, es ist ein Mädchen!«

Maria Furtwängler wuchs mit ihren beiden älteren Brüdern Felix und David in München auf. Noch heute rechnet sie es ihrer Mutter hoch an, dass sie ihre Kinder immer als das Allerwichtigste in ihrem Leben betrachtet und ihnen das Gefühl vermittelt habe, gewünscht und wertvoll zu sein. Auf sehr selbstverständliche Weise nahm das Theater einen großen Raum im Alltag der Familie ein. Maria Furtwängler betont, durch die Arbeit ihrer Mutter habe sie frühzeitig erfahren, dass Schauspielerei ein Handwerk sei, das man lernen könne und müsse. Illusionen oder Idealisierungen dieses Berufs konnten sich bei ihr gar nicht erst aufbauen. Theater und Arbeit waren für sie von Anfang an eng miteinander verbunden, was sie jedoch nicht daran hinderte, sich in der Theateratmosphäre wohlzufühlen.

Das lang ersehnte Mädchen Maria wollte lieber ein Junge sein. Alles, was ihre großen Brüder taten, erschien ihr weitaus spannender als die Welt der Mädchen. Wenn sie sich doch einmal in einer weiblichen Rolle sah, dann am ehesten als Amazone, die durch die Wälder ritt. Von einer Lust an der Weiblichkeit war bei ihr lange nichts zu spüren, viel mehr interessierte sie der Wettkampf mit ihren beiden großen Brüdern in den unterschiedlichsten Sportarten und im Raufen. Lange Zeit kleidete sie sich sportlich und kultivierte eine gewisse Burschikosität. Die spürt sie heute immer noch in sich und muss manchmal lachen, wenn sie als Haute-Couture-Diva auftritt und sich die Kommentare ihrer Brüder vorstellt, die den kleinen Tomboy Maria nicht vergessen haben.

Gleichzeitig war Marias Bindung an ihre Mutter sehr eng. »Sie war wahnsinnig klettig«, erzählt Kathrin Ackermann.

Wenn ich ausging, erschien sie über kurz oder lang auch dort, war plötzlich einfach da. Das war so im Alter von fünfzehn, sechzehn. Wir hatten ein sehr inniges Verhältnis, ich konnte in keine Badewanne steigen, ohne dass sie sich nicht auch die Klamotten vom Leib gerissen und sich mir gegenübergesetzt hätte. Und in der Badewanne, da haben wir dann natürlich auch ganz intime Gespräche geführt.

Irgendwann erkannte Kathrin Ackermann, dass sich bei ihrer Tochter ein gewisses Faible für die Schauspielerei zu entwickeln begann. Zum ersten Mal vor der Kamera gestanden hatte Maria bereits als Sechsjährige an der Seite von Christine Kaufmann im Film ihres Onkels Florian Furtwängler, *Zum Abschied Chrysanthemen*, der 1974 im Fernsehen gezeigt wurde. Und beim Kasperletheaterspielen war Maria immer auf ausgefallene Ideen gekommen, so Kathrin Ackermann in ihrer Erinnerung. »Plötzlich hat sie eine Werbung improvisiert, wahnsinnig komisch, da dachte ich, das ist genial, das Kind ist richtig gut. Aber das habe ich dann auch wieder vergessen.«

Zum Glück fiel es ihr wieder ein, als für die Fernsehserie *Die glückliche Familie* junge Mädchen gesucht wurden, die die Kinder des Elternpaars Maria und Florian Behringer – dargestellt von Maria Schell und Siegfried Rauch – spielen sollten. Kathrin Ackermann hatte selbst eine Rolle als ausgeflippte, beste Freundin der Behringers. Sie schlug ihre Tochter Maria vor, die zu diesem Zeitpunkt schon das Gymnasium hinter sich, das Abitur in der Tasche und in Montpellier ein Medizinstudium angefangen hatte. Und so erhielt Maria die Rolle der ältesten Tochter Katja.

Sie sei in das Metier damals einfach so hineingerutscht, habe es spannend gefunden, Spaß daran gehabt und als Studentin für damalige Verhältnisse ziemlich viel Geld verdient, berichtet Maria. Mit der Gage habe sie teilweise ihr Medizinstudium finanziert. 52 Folgen hatte die erfolgreiche Serie, die von 1987 bis 1991 im Vorabendprogramm der ARD ausgestrahlt wurde. Studium und Dreharbeiten liefen für Maria parallel, sie musste also oft zwischen Montpellier und München hin- und herreisen.

Während dieser Zeit war es aber nicht nur die Filmarbeit, die die Aufregung in Marias Leben brachte, sondern auch die Liebe. Schon 1985, gleich nach dem Abitur, hatte sie den Verleger Hubert Burda auf einer Familienfeier kennengelernt. Sie war damals 19, er 45 Jahre alt. Seit langem war er mit der Familie Furtwängler verbunden und ein enger Freund von Marias Onkel Florian. Hubert Burda fühlte sich angezogen von dieser »geglückten Mischung von Geist, Kultur und Tat«, die die Furtwängler-Dynastie für ihn verkörperte. Seine eigene Familie war zwar wirtschaftlich sehr erfolgreich und hatte den gesellschaftlichen Aufstieg geschafft, ihr fehlte jedoch die Bildungstradition, und das empfand er als Mangel. Im Alter von 25 Jahren schloss Hubert Burda sein Studium der Kunstgeschichte an der Ludwig-Maximilians-Universität München mit der Promotion ab. Innerhalb der Familie Burda – er hatte noch zwei ältere Brüder – avancierte er schnell zum Außenseiter, eine Rolle, die er bis zum Tod des Vaters Franz Burda beibehielt.

Maria Furtwängler und Hubert Burda verliebten sich ineinander, doch war die Zeit, in der ihre Liebesbeziehung ihren Anfang nahm, für Hubert eine sehr schwierige. Weder der Vater noch die Brüder trauten ihm zu, innerhalb des Konzerns eine exponierte Position übernehmen zu können. Rückhalt fand er nur bei seiner Mutter Aenne Burda, der erfolgreichen Verlegerin und Gründerin der *Burda Moden*. Erst 1986, nach dem Tod seines Vaters, startete Hubert Burda durch, kaufte seinen beiden Brüdern deren Firmenanteile ab und übernahm als alleiniger Gesellschafter und Vorstandsvorsitzender die Burda Holding. Mit Maria Furtwängler hatte er eine junge Frau an seiner Seite, die mit großer Zielstrebigkeit ihren eigenen Weg ging und ihm dadurch eine Stütze war. Er wusste, er konnte sich auf sie verlassen. 1990 wurde ihr Sohn Jacob geboren. Ohne es näher zu begründen, zögerte Maria Furtwängler jedoch die Heirat hinaus. Erst als sie wieder schwanger wurde, willigte sie ein. Am 8. November 1991 fand die Hochzeit von Maria Furtwängler und Hubert Burda statt, 1992 wurde ihre Tochter Elisabeth geboren.

Rückblickend ist die ausgebildete Ärztin Maria Furtwängler mit ihrer Entscheidung für die Schauspielerei und gegen die Medizin zufrieden. Die Schauspielerei ließ sich eher mit den familiären Erfordernissen verbinden. Ab Mitte der 1990er Jahre häuften sich die Auftritte in Fernsehfilmen, bis 2002 der endgültige Durchbruch mit ihrer Rolle als *Tatort*-Kommissarin Charlotte Lindholm erfolgte. Das Publikum liebt es von jeher, Rolle und Darstellerin miteinander zu vermischen, dafür gibt es in der Film- und Fernsehgeschichte viele Beispiele. Maria Furtwängler geht spielerisch damit um und versucht zu vermeiden, ausschließlich mit einer einzigen Rolle identifiziert zu werden. Doch über die Figur Charlotte Lindholm redet sie gerne und benutzt sie als Folie, vor der sie auch über Maria Furtwängler sprechen kann. Was sie von ihren *Tatort*-Kolleginnen und Kollegen unterscheidet? Sie ermittelt als einzige allein, und das in der norddeutschen Provinz, während alle anderen in der jeweiligen Großstadt, in der sie leben, im Team auftreten. Eine konstante Partnerin in Charlotte Lindholms Alltag ist ihre Mutter Annemarie, die von Maria Furtwänglers Mutter Kathrin Ackermann verkörpert wird.

Ein wichtiger Aspekt im Mutter-Tochter-Verhältnis von Kathrin Ackermann und Maria Furtwängler lässt sich anhand der *Tatort*-Folge »Salzleiche« nachvollziehen. Hier verschwimmen die Grenzen zwischen Fiktion und Realität. Der Kriminalfall ist im Umkreis des Atommülllagers Gorleben angesiedelt. Charlotte Lindholm vertritt die Auffassung, dass sie als Ermittlerin keine prononcierten politischen Einstellungen haben sollte, sondern offenbleiben müsse. Ihre Mutter Annemarie hingegen bezieht klar Stellung gegen die Atompolitik und macht ihrer Tochter ihre Indifferenz zum Vorwurf. Genau wie ihrem Alter Ego läge es auch ihr selbst näher abzuwägen als radikal dagegen zu sein, bekräftigt Maria Furtwängler und weist ausdrücklich auf diese Parallele zwischen Film und Realität hin: Mit ihrer Mutter könne man »auch im wirklichen Leben« sehr heftig und laut diskutieren. Sie habe zu wichtigen Fragen so gut wie immer eine entschiedene und klare Einstellung. Darin bestehe der große Unterschied zwischen ihnen beiden. Maria Furtwängler charakterisiert ihre Mutter als wesentlich radikaler als sich selbst. Sie hingegen sei vorsichtiger, ausgleichend, abwägender.

Auf die Frage der Zeitschrift *Amica*, wie sie sich selbst charakterisieren würde, wenn sie nur eine Bezeichnung wählen dürfte, kann sich Maria Furtwängler nicht für eine eindeutige Antwort entscheiden: Wenn es nach ihrem Herzen ginge, würde sie gerne als »die beste Mama der Welt« gelten, doch für die öffentliche Wahrnehmung stehe natürlich die Schauspielerin im Vordergrund. Wenn sie so etwas wie eine missionarische Botschaft habe, so Maria Furtwängler, dann die, möglichst vielen Menschen zu verkünden, »dass Kinder zu haben das größte Glück ist, das man im Leben haben kann«. Dieses Glück erfahre sie jeden Tag aufs Neue. »So gern ich auch meinen Beruf habe, die Kinder sind das Wichtigste und Erfüllendste in meinem Leben.« Da gleicht sie ihrer Mutter – und ihrer Großmutter Elisabeth Furtwängler.

Diese wurde am 20. Dezember 1910 geboren. Ihre Eltern waren der Industrielle Ernst Albert und die Politikerin Katharina von Oheimb – eine Abgeordnete im ersten Reichstag der Weimarer Republik. Zwar bewunderte Elisabeth das Durchsetzungsvermögen und den Charme ihrer Mutter, doch sie lehnte es ab, wie sie ihn benutzte. »Ich war ein so gegensätzlich eingestellter Mensch, wie man es sich kaum vorstellen kann«, resümierte Elisabeth. »Irgendwann wandte ich mich von ihr ab, nahm innerlich Abschied von ihr.«

Mit achtzehn verlobte sich Elisabeth heimlich mit Hans Ackermann. Er war sieben Jahre älter als sie. Als sie ihn 1931 heiratete, hatte sie gerade das Abitur gemacht. Ihre Mutter war mit der Wahl ihrer Tochter nicht einverstanden. Dr. Hans Ackermann war zwar als Jurist und Wirtschaftsberater erfolgreich, doch nicht der reiche Schwiegersohn, den sie sich gewünscht hatte. Die ersten drei Kinder wurden schon bald nach der Heirat geboren: Peter 1932, Christoph 1935, Kathrin 1938. »Dass ich eine Tochter habe, ist ein wahres Glück, es hätte mich echt irritiert, wenn ich keine Tochter bekommen hätte. Also wirklich, nicht nur irritiert, ich hätte es unerhört gefunden«, gab Elisabeth Furtwängler zu.

Am 19. Juni 1940 fiel Hans Ackermann im Frankreichfeldzug. Im selben Jahr kam das vierte Kind, Thomas, zur Welt – fünf Monate nach dem Tod seines Vaters. Kathrin Ackermann hat für dessen Verhalten wenig Verständnis und gerät immer noch in Erregung, wenn sie darüber spricht: »Er hatte immerhin schon drei Kinder, das vierte war unterwegs und er war Chef der Albert-Werke in Wiesbaden. Trotzdem hat er sich freiwillig gemeldet. Ich kann das überhaupt nicht nachvollziehen.«

Unterstützung und Rückhalt fand die junge Witwe – sie war noch keine dreißig Jahre alt – bei ihrer Familie und der ihres Mannes. Besonders ihre Halbschwester Maria Daelen stand ihr zur Seite. Diese war mit dem berühmten Dirigenten Wilhelm Furtwängler liiert und wollte ihn gerne heiraten, was dieser jedoch immer wieder hinauszögerte. Elisabeth begegnete Wilhelm Furtwängler Anfang 1940 zum ersten Mal. Ende August 1941, vierzehn Monate nach dem Tod Hans Ackermanns, kam es zum zweiten Treffen. Gleich danach gestand er Maria Daelen, er würde ihre kleine Schwester sofort heiraten. Maria Daelen nahm das nicht ernst, schließlich hatte Elisabeth vier Kinder. Doch das Unwahrscheinliche geschah: Am 26. Juli 1943 fand die standesamtliche Hochzeit von Wilhelm Furtwängler und Elisabeth Ackermann in Potsdam statt – unter Ausschluss der Öffentlichkeit. Das Paar hielt das Datum geheim, nur die Trauzeugen waren dabei. Elisabeth erinnerte sich daran, dass Wilhelm auf die Frage des Standesbeamten so laut »Ja« gesagt habe, dass alle erschraken. Sie begleitete ihren Mann auf seinen Tourneen und stand ihm zur Seite, als er sowohl von den Nazis als auch ihren Gegnern angefeindet wurde. Am 11. November 1944 kam der gemeinsame Sohn Andreas in der Schweiz zur Welt. Die anderen drei Kinder waren bei Verwandten in Klingenberg in Unterfranken untergebracht.

Erst 1947, nach Furtwänglers Freispruch in einem langwierigen Entnazifizierungsverfahren, kam die Familie wieder zusammen. Für Elisabeth Furtwängler war es ein unvergessliches Erlebnis, als sie im Februar 1947 erstmalig nach drei Jahren wieder nach Deutschland fahren und endlich ihren drei ältesten Kindern gegenüberstehen durfte. Peter war mittlerweile fünfzehn, Christoph zwölf und Kathrin neun Jahre alt. Sie warteten am Bahnsteig, um ihre Mutter abzuholen. Das Wiedersehen mit den beiden Jungen war unkompliziert, sie empfingen sie wie nach einer längeren Reise. Kathrin schien jedoch bedrückt und sollte ihr später erzählen, sie habe oft überlegt, wie ihre Mutter wohl aussähe – besonders wenn sie anderen Müttern oder Frauen in dem betreffenden Alter begegnet sei. Zwei Monate später holte Elisabeth ihre Tochter zu sich. Kathrin lernte in atemberaubend kurzer Zeit Französisch – man befand sich in der überwiegend französisch sprechenden Schweiz – und besuchte die Schule in Clarens. Für ihre beiden älteren Söhne fand es Elisabeth zu spät, die Sprache zu wechseln. Sie blieben in Deutschland und machten ihr Abitur dort.

Aufgewachsen in einem Haus, in dem die Kunst den Alltag bestimmte, überrascht es nicht, dass Kathrin Ackermann eine künstlerische Laufbahn einschlug. Allerdings war es weder die Musik noch die Malerei, die sie so stark anzog, sondern das Theater.

Am Anfang ihrer Schauspielerinnenkarriere standen ein deutscher Klassiker und seine Protagonistin: »Überhaupt zum Theater gegangen bin ich wegen Kleist. Ich hab das *Käthchen von Heilbronn* gelesen und mich damit so identifiziert, dass ich dachte, ja, das ist genau das, was ich machen möchte: so eine Rolle spielen«, erzählt Kathrin Ackermann und ergänzt: »Hab ich natürlich nie gespielt.«

Nachdem Kathrin die Mittlere Reife in Clarens absolviert hatte, beschloss ihre Mutter, sie solle ihr Abitur in Deutschland machen, und schickte sie nach München aufs Luisen-Gymnasium. Sie wurde bei einer Pflegefamilie untergebracht. Das kulturelle Angebot der Großstadt gefiel ihr, vor allem die kreative Atmosphäre – ihr längst gefasster Entschluss, zum Theater zu gehen, verfestigte sich.

Heimlich suchte sie sich eine private Schauspiellehrerin und nahm Unterricht. Als ihre Mutter dahinterkam, unterstützte sie Kathrins Wunsch – ganz im Sinne ihrer Devise, ihre Kinder sollten das tun, was sie wirklich interessierte. Daraufhin meldete sich Kathrin zur Aufnahmeprüfung an der Otto-Falckenberg-Schule an. Nach einigen Wochen erfuhr sie, dass sie bestanden hatte und angenommen worden war. Sie verließ sofort das Gymnasium und begann direkt mit der Ausbildung, die damals nur zwei Jahre dauerte. »Ich war siebzehn und hatte nur noch ein Jahr bis zum Abitur, bin aber trotzdem gegangen.« Der Erfolg schien ihr recht zu geben: Noch während der Ausbildungszeit wurde sie am Residenztheater engagiert. »Dann hab ich ununterbrochen Leuten vorgesprochen und abends immer am Residenztheater gespielt, während ich tagsüber noch auf die Schule ging. Also für so eine Anfängerin richtig super. Bis ich dann nach Göttingen ging«, berichtet Kathrin Ackermann.

Doch ihr Engagement in Göttingen blieb ein kurzes Intermezzo, denn am Ende ihrer Ausbildungszeit hatte sie Bernhard Furtwängler geheiratet, einen Neffen ihres Stiefvaters, den sie in Tanneck, der Sommerresidenz der Familie Furtwängler, kennengelernt hatte. Alles war sehr schnell gegangen, und 1960 wurde ihr Sohn Felix geboren. Wegen der Schwangerschaft musste sie ihr Göttinger Engagement abbrechen, man bot ihr an, nach der Geburt zurückzukommen, was sie auch tat, aber nur für ein halbes Jahr. Sie brachte ihr Kind bei ihrer Mutter unter, wusste es dort auch in guten Händen, fand die Situation aber nicht tragbar.

> Ich hab das Kind gerade mal gehabt und dann hab ich es weggegeben zu ihr. Das gefiel mir nicht. Und außerdem war ja auch mein Mann in München. Nach einem halben Jahr hab ich mir mein Kind geholt, bin nach München gegangen und hab dann versucht, im Residenztheater wieder anzuknüpfen, was mir auch gelang.

Zwei Jahre später – da war sie 23 – kam das zweite Kind, David, zur Welt. 1966 wurde ihre Tochter Maria geboren. »Ich war damit sehr okkupiert und habe eigentlich nebenbei Theater gespielt«, charakterisiert Kathrin Ackermann ihre damalige Situation. Ihr Mann arbeitete als Architekt. Manche Rollen machten ihr Spaß, aber sie engagierte sich nicht besonders. Die Kinder kamen immer an erster Stelle, das Theater war nur Nummer zwei. Zudem habe sie damals mit dem Synchronisieren begonnen, weil es eine angenehme Art war, Geld zu verdienen, und sich vor allem mit der Betreuung ihrer drei Kinder gut vereinbaren ließ.

> Wenn jemand über mich gesagt hätte, sie ist keine gute Schauspielerin, dann hätte ich das natürlich nicht gern gehört, aber wenn jemand gesagt hätte, sie ist eine schlechte Mutter, dann wäre ich dem an die Gurgel gegangen. Die Prioritäten waren ganz klar.

Nachdem sie dem Staatstheater den Rücken gekehrt hatte, spielte sie in der freien Theaterszene Stücke, die sie selbst auswählte. Ende der 1960er und vor allem in den 1970ern wurden in München, wie in den meisten deutschen Großstädten, zahlreiche private Theater gegründet, die den konventionellen Bühnen neue Formen und Inhalte entgegensetzten. Kathrin Ackermann schwärmt: »Damals gab es da am Lenbachplatz ein tolles Theater. Da habe ich *Mamma hat den besten Shit* von Dario Fo gespielt.«

Sie habe eine Mutter dargestellt, deren Sohn in die Drogenszene geraten war, und die ihm nun vorgaukelte, sie würde selbst Haschisch anpflanzen und ständig rauchen. Der Sohn war entsetzt und kam dadurch von den Drogen los. »Ein witziges Stück, ich habe es sehr gern gespielt und fand es toll, mich als italienische Mamma auszustaffieren. Hier an der Uni war es regelrecht Kult. Ich hab dann später noch öfter Studenten getroffen, die sagten: ›Ach, Sie waren doch Mamma!‹«

Ein Thema, über das Kathrin Ackermann mit ähnlicher Begeisterung spricht wie über das Theater, ist die Familie. Auf die Frage, welchen Stellenwert Familie in ihrem Leben eingenommen hat und einnimmt, antwortet sie ohne zu zögern: »Familie war und ist immer sehr wichtig. Ich kann mich erinnern, dass ich mir ganz früh als Kind schon überlegt habe, wenn ich keine Kinder kriege, dann nehme ich mir das Leben. Ganz radikal.«

Ihre Mutter habe das Ziel gehabt, 100 Jahre alt zu werden. Als der Tag näherkam, habe sie schon von 105 gesprochen. Sie starb 2013 im Alter von 102 Jahren. Kathrin Ackermann verlor mit ihr ihre konstanteste Bezugsperson, zu der sie ihr Leben lang eine innige und intensive Beziehung gepflegt hat. Doch auch ihr Verhältnis zu ihren Brüdern und deren Familien war und ist ein enges. Bis heute gibt es bei so vielen Angehörigen ständig etwas zu feiern – sei es eine Taufe, ein runder Geburtstag oder eine Hochzeit.

> Eigentlich ist immer etwas los. Und dann sausen wir alle hin. Das ist doch eine Power. Das gibt einem Kraft. Man hat das Gefühl, man steht nicht allein. Ich glaube allerdings, das ist sehr undeutsch, wir haben so ein Clan-Empfinden, fast orientalisch.

Manchmal denkt Kathrin Ackermann über den großen Einfluss nach, den sie als weitgehend alleinerziehende Bezugsperson – ihre Ehe mit Bernhard Furtwängler wurde 1979 geschieden – zwangsläufig auf ihre Kinder ausgeübt hat. Besonders deutlich war ihr das durch Äußerungen geworden, die ganz beiläufig gefallen waren. So hatte ihr ältester Sohn Felix eines Tages zugegeben, er habe eigentlich nur Mathematik studiert, weil sie das wollte. Das hatte sie völlig überrascht, denn ihr war überhaupt nicht bewusst gewesen, dass sie ihm das empfohlen, geschweige denn ihn dazu gedrängt hatte. Als sie seine Erklärung empört an ihre Tochter Maria weitergegeben hatte, hatte diese nur erwidert: »Warum, glaubst du, habe ich Medizin studiert?«

Wie ihre Großmutter und ihre Mutter setzt auch Maria Furtwängler hohe Maßstäbe an sich selbst. Sie weiß: Richtig gut wird man erst, wenn man von dem erfüllt ist, was man tut, und ganz darin aufgeht. Für diese Haltung gab und gibt es beeindruckende Vorbilder in ihrer Familie, von denen sie viel mit auf den Weg bekommen hat: von ihrer Mutter Kathrin den Humor, die Energie und die Lust am Spiel, von ihrer Großmutter Elisabeth den mädchenhaften Charme, die Ehrlichkeit und die Anmut. Auf die Frage, wie sie ihren Beruf, ihre Familie und ihre gesellschaftlichen Verpflichtungen unter einen Hut bringt, antwortet Maria Furtwängler so, wie es auch ihre Vorfahrinnen tun würden: »Ich schaffe alles, weil ich es mit Liebe mache und sowohl organisieren als auch improvisieren kann.« ❖

Eva von Sacher-Masoch und Marianne Faithfull

❖ Mit den Worten »I drink and I take drugs, I love sex and I move around a lot« beginnt Marianne Faithfulls Song »Vagabond Ways«. Die Zeile könnte als Motto für ihr Leben dienen, das sie in diesem Song von der gleichnamigen LP aus dem Jahr 1999 thematisiert. Da gehörten die vagabundierenden Jahre, in denen sie drogensüchtig auf der Straße gelebt hat, bereits der Vergangenheit an. Und auch das Comeback mit dem Album *Broken English* (1979), mit dem sie sich eindrucksvoll als eigenständige Künstlerin etabliert hat, die aus dem Kontext der Rolling Stones herausgetreten war, lag schon hinter ihr.

Marianne Faithfull wurde am 29. Dezember 1946 in Hampstead, London, geboren. Ihre Eltern waren Eva Hermine von Sacher-Masoch, Freiin Erisso, und der britische Offizier und Professor für Psychologie Robert Glynn Faithfull.

Wenn Marianne Faithfull an ihre Kindheit denkt, dann ist die allererste Erinnerung kein tatsächliches Ereignis, sondern ein Traum, in dem ihre Mutter die Hauptrolle spielt. Eigentlich ein Alptraum, doch sie erzählt ihn nicht als solchen, sondern wie ein Märchen: Marianne ist drei Jahre alt und liegt in ihrem kleinen Zimmer mit den blauen

Gardinen im Bett. Durch die Vorhänge scheint die Sonne. »Alles ist blau, blau wie Ahmeds Haschisch- und Juwelierladen in Tanger. Blaue Gardinen wehen im Wind.« Draußen dominiert die Farbe Grün, »das grüne Grün des englischen Rasens«. Die Idylle wird durch die Stimme der Mutter gestört, die »Komm, Marianne, komm« ruft – immer wieder, so dass der Tochter nichts anderes übrigbleibt, als ihr zu folgen. »Ich bin hilflos. Ich habe keine Wahl.« Sie öffnet das Fenster und fliegt hinaus zum anderen Ende des Gartens, wo sie von der Mutter erwartet wird. Diese »trägt eine Rüstung und auf ihrem Kopf winden sich Schlangen, die eine Krone bilden«. Sie erscheint ihr als Göttin mit »Armreifen, Brustpanzer und Beinschienen wie die uralte Kriegerkönigin Boadicea« und hat ein Feuer entfacht, um etwas zu kochen. Mit einer Zange stochert sie in den Kohlen herum. Als ihre fliegende Tochter bei ihr ankommt, geschieht etwas Ungeheuerliches: »Sie hebt mich mit beiden Armen hoch und setzt mich auf das Feuer.« Noch verstörender ist die Reaktion des Kindes: »Ich lege mich hin und erlaube ihr, mich auf dem Rost zu braten.« Damit ist der Traum zu Ende. Eine Zeitlang träumte sie jede Nacht davon. »Immer wieder legt sie mich sorgfältig auf die heißen Kohlen.« Mit Schmerzen war der Traum nicht verbunden und wurde von ihr auch nicht als Alptraum empfunden, sondern als eine Art Ritual. »Ein sehr mitteleuropäisches Phänomen – der Traum des kollektiven Bewusstseins von der Mutter, der Göttin.« Im Nachhinein interpretiert sie ihn als ein »erstes Training«, eine Vorbereitung auf ihr späteres Leben.

»Meine Mutter Eva war eine Baroness Erisso. Sie stammte aus einem uralten österreichisch-ungarischen Adelsgeschlecht, den Sacher-Masochs«, berichtet Marianne Faithfull in ihrer Autobiographie, die sie zusammen mit dem Musikjournalisten David Dalten verfasst und 1994 publiziert hat. »Ihr Großonkel war Leopold Ritter von Sacher-Masoch, nach dessen Roman *Venus im Pelz* der Begriff Masochismus entstand.«

Die 1912 geborene Eva von Sacher-Masoch verbrachte ihre frühe Kindheit auf dem Anwesen ihrer Familie in der Nähe der Stadt Karánsebes in Siebenbürgen (heute Caransebeș, Rumänien). Während des Ersten Weltkriegs lebte sie mit ihren Eltern, Artur Wolfgang, Ritter von Sacher-Masoch, und seiner Frau Flora in Wien. Schon früh verließ sie ihre Eltern und ging nach Berlin, wo sie als Tänzerin in den Kabaretts am Kurfürstendamm auftrat, mit Max Reinhardt arbeitete und in Produktionen von Bertolt Brecht und Kurt Weill mitwirkte. Zu Beginn des Zweiten Weltkriegs kehrte sie zurück nach Wien. Obwohl Evas Mutter als Jüdin gefährdet war, blieb die Familie weitgehend unbehelligt, wohl weil der Vater im Ersten Weltkrieg gekämpft und sich als Schriftsteller mit dem Pseudonym Michel Zorn einen Namen gemacht hatte. Nur Eva blieb nicht von körperlicher Gewalt verschont. Nach dem Zweiten Weltkrieg wurde sie von russischen Besatzungssoldaten vergewaltigt. Sie wurde schwanger und trieb das Kind ab.

Es war eine Zeit der Hoffnungslosigkeit und Verzweiflung für die junge Frau – bis schließlich Robert Glynn Faithfull in ihr Leben trat. Der Major, der für den britischen Geheimdienst als Spion arbeitete, überbrachte der Familie die gute Nachricht, dass Evas Bruder, Alexander von Sacher-Masoch, der mit Titos Partisanen in Jugoslawien kämpfte, am Leben sei. Doch es war nicht die gute Nachricht, die das Blatt für sie zu wenden schien, sondern Eva verliebte sich in den englischen Major und er sich in sie. Sie heirateten 1946. Im selben Jahr kam ihre Tochter Marianne zur Welt.

Marianne beschreibt ihre Mutter als »kühl, stolz und ein wenig seltsam. Außerdem bildschön«. In ihrer Zeit als Tänzerin und Schauspielerin in Berlin hatte sie von Hollywood geträumt, nach dem Krieg waren diese Träume zerplatzt. Doch nun schien der Traumprinz in ihr Leben getreten zu sein. Für sie war er ein englischer Gentleman, wie sie ihn aus Filmen kannte und verehrte. »Die grausame Ironie der Geschichte war, dass sie meinen Vater heiratete, weil er so normal schien«, diagnostiziert Marianne Faithfull im Nachhinein. Höflich und charmant sei er gewesen und habe sie zum Lachen gebracht. Etwas Sanftes, Behagliches und Vernünftiges sei von ihm ausgegangen: »Ruhe und Normalität, genau das brauchte sie nach den Kriegswirren und mit ihrer ziemlich neurotischen Familie.« Doch auf den zweiten Blick habe auch er eine »total verrückte Seite« gehabt: »Meine arme Mutter heiratete einen wahrhaft monomanischen Exzentriker, der den Kopf voll utopischer Pläne für die Menschheit und avantgardistischer Reformtheorien hatte.« Ihre Eltern seien einander so »unähnlich« gewesen, dass sie wahrscheinlich keinen Tag zusammengeblieben wären, wenn sie erkannt hätten, wie sie wirklich waren.

Am Anfang ihrer Beziehung, als die drei nach Liverpool gingen, Glynn Faithfull an der University of Liverpool studierte und an seiner Dissertation arbeitete, schien sich Evas Wunsch nach einem ›normalen‹ Leben noch zu erfüllen. Bald jedoch wurde deutlich, dass er und sein Vater mit bizarren Projekten beschäftigt waren. »Mein Großvater, Theodore Faithfull, war Sexualwissenschaftler«, berichtet Marianne. »Er hatte meine Großmutter Frances verlassen, war mit einer Zirkustänzerin durchgebrannt und hatte eine Apparatur erfunden, die er Frigiditätsmaschine nannte und für das Allheilmittel gegen alle Übel dieser Welt hielt.« Vergeblich habe er versucht, Eva dazu zu bewegen, die Maschine zu benutzen. Sie lehnte es entschieden ab, schließlich stammte sie aus Wien, der Stadt Freuds, und war erbost, dass sich ihr Ehemann und ihr Schwiegervater die psychosexuellen Lehren des berühmten Psychoanalytikers kritiklos aneigneten. Doch Glynn ließ sich nicht davon abbringen, Sex als Allheilmittel aufzufassen. Ihre Mutter habe sich von seiner Besessenheit überfordert gefühlt, glaubt Marianne. »Ich weiß nicht, was Eva für Vorstellungen von Männern hatte, aber mit der Realität hatten sie herzlich wenig zu tun.«

Außer seinen ›Proto-Orgon-Kisten-Theorien‹ pflegte der Schwiegervater noch weitere Eigenheiten: Er nahm es mit der Sauberkeit nicht so genau und badete nie. Evas Bitte, sich doch zu waschen, bevor er sie und ihre Familie besuchte, lehnte er ab mit der Begründung, er glaube nicht daran, woraufhin Eva ihn als »schrecklichsten, schmutzigsten alten Mann auf Gottes Erdboden« bezeichnete.

Zusammen mit seinem Freund Dr. Norman Glaister, der die Finanzierung übernahm, kaufte Glynn das Anwesen Brazier's Park in Oxfordshire. Dort errichteten sie ein ›Instiut für Intensive Sozialforschung‹. Marianne war vier Jahre alt, als die Familie nach Südengland zog. Sie fühlte sich in dem alten verwinkelten Herrenhaus aus dem 18. Jahrhundert, das von einem großen wundervollen Park umgeben war, »pudelwohl«. Anders ihre Mutter, der es ohnehin schwergefallen war, Wien zu verlassen. England war und blieb ihr fremd und der Alltag in der Arbeits- und Lebensgemeinschaft von Brazier's Park ebenso. Weil ihr allerdings nichts anderes übrigblieb, übernahm sie die Rolle der Köchin, die für alle die Mahlzeiten zubereitete. Erwartet hatte sie von ihrer Ehe mit Glynn etwas anderes: Erzogen wie eine Prinzessin, hatte sie geglaubt, auch von ihrem Mann angebetet und verwöhnt zu werden.

Marianne wundert sich heute über die mangelnde Menschenkenntnis ihrer Mutter. Es war doch offensichtlich, was der Vater wollte: »eine Mitverschwörerin, die seine Visionen teilte«. Doch allmählich wurde es selbst für eine Frau wie Eva, die in ihren Tagträumen lebte, unübersehbar, dass sie und ihr Ehemann außer ihrer Tochter nichts gemeinsam hatten. Immer häufiger gab es Streit. Meistens stand Marianne im Mittelpunkt, so dass diese schon früh Schuldgefühle entwickelte, denen sie hilflos ausgeliefert war. Erst viel später erkannte sie, dass die Eltern sie nur als Vorwand benutzt hatten und der Grund der Streitigkeiten bei ihnen selbst gelegen hatte.

Was letztlich zur Trennung der Eltern führte, weiß Marianne nicht. Auch konnte sie den Wahrheitsgehalt der Geschichte, die ihre Mutter erzählte, nicht überprüfen, denn »in ihrer Welt wurde alles, was passierte, zu einer guten Geschichte«. In diesem Fall lautete sie, Glynn habe Affären mit anderen Frauen begonnen. Eva sei es schlecht gegangen – aber nicht so sehr wegen seiner Treulosigkeit. Sie habe sich damals um ihre Mutter gesorgt, die nach dem Tod des Vaters allein in Wien lebte. Sie wollte sie unbedingt zu sich nach England holen. Als Glynn das ablehnte, war für sie eine Grenze überschritten. Ihre Reaktion bestand nicht etwa in einem stillen Rückzug, sondern in einer drastischen Aktion, die von ihrer Umgebung als skandalös empfunden wurde: Wie eine Königin betrat sie die Eingangshalle von Brazier's Park und schlug den Gong, so dass die Anwesenden herbeigelaufen kamen. Als sie genug Publikum zusammen hatte, legte sie eine »ausgewachsene Szene« hin. Alle waren schockiert, besonders Glynn, doch er wusste, dass er keine Chance hatte, sie zu stoppen. Das versuchte Dr. Glaisters Geliebte Bonnie. Sie forderte Eva auf, ihr Theater zu beenden und wies sie zurecht: »So benimmt sich eine Dame in England nicht.« Diese Belehrung nutzte Eva als Steilvorlage für eine dramatische Replik. In königlicher Haltung wandte sie sich Bonnie zu und sagte: »Meine liebe Bonnie, meine Vorfahren waren Damen, als eure noch an den Schwänzen von den Bäumen hingen.«

Für dieses Verhalten, das »genuine Bedürfnis«, andere Menschen zu schockieren und zu provozieren, wurde sie von Marianne einerseits bewundert. Andererseits war es für die Tochter nicht leicht, damit umzugehen, dass ihre Mutter alles – »Familienchroniken, private Anekdoten, selbst historische Fakten« – in ihrem Sinne veränderte. Was wirklich geschehen war, blieb oft ihr Geheimnis. Auf Mariannes Frage nach der Kindheit ihrer Mutter habe sie geantwortet: »Meine Kindheit war perfekt.« Als Marianne das anzweifelte, weil es ihr unmöglich erschien, habe die Mutter den Satz sogar noch einmal wiederholt und auf den Einwand ihrer Tochter: »Also, meine jedenfalls nicht«, mit den Worten reagiert: »Das ist ja wohl dein Problem, meinst Du nicht?«

Als Marianne sechs Jahre alt war, trennten sich ihre Eltern und sie zog mit ihrer Mutter in ein Reihenhaus in Reading. »Bettelarm« seien sie gewesen, berichtet Marianne. Eva übte unterschiedliche Jobs aus – Schuhverkäuferin, Bedienung in einem Café, Busschaffnerin – bevor sie Lehrerin wurde und Tanz, Kunst und »groteskerweise« Politik unterrichtete. Dabei gab sie ihre »Illusionen von Noblesse« niemals auf und war bestrebt, sie auch an ihre Tochter weiterzugeben. Eine kleine Prinzessin wollte sie aus ihr machen – doch es sollte ihr nicht gelingen.

Mit sieben wurde Marianne von ihrer Mutter in die örtliche Klosterschule geschickt. Als sie feststellte, dass sie eine gute Stimme hatte, trat sie in den Chor ein. Zum katholischen Glauben konvertierte sie einzig aus »sozialen Beweggründen«. Sie wollte nicht länger Außenseiterin sein, sondern zu einer Gemeinschaft gehören. Doch der Versuch misslang: »Trotz meines Übertritts gehörte ich nie ganz dazu.« Man habe auf sie herabgeschaut und sie ständig daran erinnert, dass sie ein Sozialfall war. Wie sollte sie sich verteidigen? Sie hatten kein Auto, keinen Plattenspieler, kein Telefon – »kein gar nichts«. Und – was vielleicht der größte Makel war – keinen Vater! Marianne sonderte sich immer weiter ab, verbrachte die meiste Zeit mit Lesen und wurde von ihren Mitschülerinnen als arrogant bezeichnet. Ihre Phantasie half ihr, die Demütigungen zu überstehen: Sie machte sich die Legende zu eigen, die ihre Mutter über ihre aristokratische Herkunft erzählte. Weil sie diese Geschichte »tausendmal« gehört hatte, kannte Marianne sie in- und auswendig. Später begriff sie, dass ihre Mutter durch die Beschwörung »der barocken Pracht ihrer Vergangenheit« das Selbstbewusstsein ihrer Tochter stärken wollte.

Mit 13 wurde Marianne Mitglied des Progress Theatre in Reading, einer Laienspielgruppe. Sie erkannte sofort, dass die Bühne der Ort war, an den sie gehörte und der ihr Leben bestimmen würde. Zunächst sang sie in Folkclubs, kaufte sich selbst einen kleinen Plattenspieler und Schallplatten von Buddy Holly, den Everly Brothers und Chuck Berry. Besonders beeindruckt war sie von Miles Davis' *Sketches of Spain*.

1963 traf Marianne auf den Künstler John Dunbar – ihre erste Liebe. »Alles um ihn herum verblasste, nur er existierte.« Durch ihn lernte sie das London der Sixties und seine Hauptfiguren kennen, darunter Paul McCartney. Die Londoner Szene setzte sich zusammen aus Popstars, Galeristinnen, Fotografen und repräsentierte ein neues Lebensgefühl, eine neue Welt. Marianne war glücklich, bei der Erschaffung dabei zu sein – wenn auch zunächst bloß als Beobachterin.

Dann traf sie die Rolling Stones und sang 1964 »As Tears Go By«, den ersten Song, den Mick Jagger und Keith Richards geschrieben hatten. Entgegen der Legende war das Lied nicht eigens für sie verfasst worden, stellt Marianne Faithfull in ihrer Autobiographie richtig, »doch es passte dermaßen perfekt zu mir, dass es so hätte gewesen sein können«. Regelrecht unheimlich fand sie, »dass Mick den Text so lange, bevor alles geschah, geschrieben hat, beinahe, als sei unsere Beziehung in dem Lied vorweggenommen. Eine der seltenen Augenblicke, wo alles stimmt. Für mich jedenfalls.«

Der große Erfolg in den Charts machte Marianne beinahe über Nacht berühmt und veränderte ihr Leben. Sie verließ die Schule noch vor dem Abitur und ging auf Tournee. Damit verbunden war der Abschied von ihrer Mutter, für die eine Welt zusammenbrach. Schließlich hatte sie erwartet, dass ihr »Traumkind, das sie abgöttisch liebte«, das ganze Leben mit ihr teilen würde. Doch die 17-Jährige verließ sie von einem Tag auf den anderen und »ohne jede Vorwarnung«.

Da die Mutter kein Telefon hatte, versuchte sie, den Kontakt zu ihrer Tochter mit Briefen aufrechtzuerhalten. So schrieb sie ihrem »treulosen Liebling« am 9. Oktober 1964: »Ich glaube, ich gäbe alles für ein Telefon, damit Du mich anrufen könntest. Aber offenbar hast Du ganz vergessen, dass ich existiere, sonst hättest Du etwas von Dir hören lassen.«

Marianne wurde 1965 von John schwanger und beschloss, das Kind zu bekommen – auch aus egoistischen Gründen. Sie habe die Hoffnung gehabt, dass es ihr gelingen würde, mit Mann und Kind »Boden unter die Füße zu bekommen«. Die 18-Jährige nahm sich vor, »›gut‹ zu werden, John zu heiraten«, sich in »seliger, trauter Häuslichkeit einzurichten«, ihr Baby zur Welt zu bringen, um »nicht weiter von Mann zu Mann flattern« zu müssen. Im Mai 1965 fand die Hochzeit von Marianne und John in Cambridge statt, am 10. November 1965 wurde ihr Sohn Nicholas geboren. Ihre Londoner Wohnung wurde zu einem Treffpunkt junger Künstlerinnen und Künstler. 1967 verließ Marianne Faithfull John Dunbar, drei Jahre später sollte die Scheidung erfolgen. Marianne wollte mit Mick Jagger zusammenleben.

Im Jahr der Trennung wurde Marianne Faithfull mit Mick Jagger und Keith Richards in einen Aufsehen erregenden Drogenprozess verwickelt, der besonders Mariannes Mutter zusetzte. Eva begann zu trinken, ging nicht mehr zur Arbeit und zog sich vollkommen zurück. Erst im Nachhinein erfuhr Marianne, dass ihre Mutter damals eine Lehrerinnenausbildung begonnen hatte. Sie hatte ein Examen ablegen wollen, um regulär und nicht nur aushilfsweise eingestellt zu werden, doch wegen des Skandals um ihre Tochter hatte sie sich so sehr geschämt, dass sie ihren Plan aufgegeben hatte. Nach ihrem Tod fand Marianne Briefe von der Ausbildungsstätte, in denen es heißt: »Liebe Mrs Faithfull, nun sind Sie schon seit drei Wochen nicht erschienen, und wir machen uns große Sorgen um Sie. Bitte kommen Sie und reden Sie mit dem Direktor, wenn Sie Probleme haben.« Doch Eva war stumm geblieben.

Als ihren ›Frankenstein‹ bezeichnet Marianne Faithfull ihren Song »Sister Morphine« – in Anlehnung an den Roman der Schriftstellerin Mary Shelley, ein »Selbstporträt in einem dunklen Spiegel«. Über die Entstehung berichtet sie, dass zuerst die Musik dagewesen sei, die von Mick Jagger komponiert worden war, der Text jedoch gefehlt habe. Irgendwann habe sie die Sache selbst in die Hand genommen, sich hingesetzt und die Verse an einem Stück niedergeschrieben. Es wird allgemein angenommen, dass »Sister Morphine« auf eine reale Begebenheit in ihrem Leben zurückgeht, und zwar ihre Drogenerfahrung, doch zu jenem Zeitpunkt hatte sie erst ein einziges Mal Heroin genommen und war »vom Junkie-Dasein noch weit entfernt«. »Sister Morphine« war also weniger ein Blick zurück, sondern vielmehr ein Blick in die Zukunft: »›Sister Morphine‹ war in meinem Kopf – vielleicht eine Geschichte darüber, wie es ist, wenn man süchtig ist.« Das mühelose Verfassen des Songs bestärkte sie nicht etwa darin, weitere Texte zu schreiben, sondern verleitete sie dazu, immer mehr Drogen zu nehmen. »Ich wurde Opfer meines Liedes«, lautet ihr Fazit.

Nachdem Brian Jones, der damalige Leadgitarrist der Rolling Stones, im Alter von 27 Jahren gestorben war, geriet Marianne Faithfull in eine psychische Krise und beging einen Selbstmordversuch mit einer Überdosis Beruhigungspillen. Sie fiel ins Koma und wachte erst nach sechs Tagen im Krankenhaus auf. Rückblickend erklärt sie, sie habe nicht oft psychotisch reagiert. »Normalerweise bin ich voll da – auf meine Weise –, selbst wenn ich total abgefuckt bin.« Sie habe die »hundertfünfzig Schlaftabletten« aus Rache geschluckt – »es war die einzige Art und Weise, wie ich mir Gehör verschaffen konnte«. Sie konnte einfach nicht fassen, dass Brians Tod an den anderen spurlos vorübergegangen war. »Wartet, dachte ich, ich zeig's euch! Wollt ihr Schmerz und Leid? Könnt ihr haben.« Diejenige, die am stärksten auf ihren Suizidversuch reagierte, war ihre Mutter. Sie »drehte voll auf und wurde fromm«. Sogar die letzte Ölung ließ sie ihrer im Koma liegenden Tochter zukommen. Marianne war so geschwächt, dass sie sich nicht dagegen wehren konnte. Als sie aus dem Krankenhaus entlassen wurde, brachte Eva sie in ein Heim, das von Nonnen geleitet wurde, um ihr ihre Dämonen auszutreiben. Die Religion sollte Marianne heilen. Ein vergeblicher Versuch.

Während Marianne mit Mick Jagger zusammenlebte, hatte sie begonnen, zunehmend Drogen zu konsumieren: Kokain, LSD und schließlich Heroin. Für Mick Jagger war letzteres ein Alptraum, doch weder er noch andere versuchten ernsthaft, sie davon abzubringen. Marianne benutzte Heroin, um sich zu betäuben. »Und natürlich funktionierte es, aber es führte mich auch weiter weg von allem, was ich liebte. Zum Schluss verlor ich alles. Ich verlor Mick. Und schließlich Nicholas. Ich verlor alles, was ich nur verlieren konnte.«

Nach der Trennung von Mick wurde Marianne zum Junkie. »Ich fixte, weil es mir total dreckig ging und ich alles ausprobiert hatte. Sogar Selbstmord, was auch nicht funktioniert hatte.«

Eine Zeitlang lebte sie als Obdachlose in London, doch rückblickend beschreibt sie ihr Leben auf der Straße als positive Erfahrung. Sie war nie überfallen oder vergewaltigt worden, habe sich auch nicht prostituieren müssen. Die Drogen bekam sie von Freunden, die ihr halfen, in das Drogenprogramm des staatlichen Gesundheitsdienstes aufgenommen zu werden. »Auf Gedeih und Verderb« habe sie sich den Straßenleuten ausgeliefert, die nicht wussten, wer sie war. »Sie sahen nur, dass ich klapperdürr und hilflos war und gern high wurde.« Sie habe alles ausprobiert, was sie bekommen konnte. »Nachts nahm mich jemand mit, wo ich pennen konnte, und wenn ich dann doch zu vergammelt war, fuhr ich zu meiner Mutter und machte große Wäsche.« Wenn sie zu Hause ankam, gab es jedes Mal schreckliche Szenen zwischen ihr und ihrer Mutter. Sie konnten nicht miteinander reden, hatten sich nichts zu sagen. »Ich sagte weder ›Guten Tag‹ noch ›Auf Wiedersehen‹. Ich muss in einem grauenhaften Zustand gewesen sein, wenn ich nach Hause ging. Meine Mutter konnte es nicht ertragen.«

Als Marianne das Sorgerecht für ihren Sohn Nicholas entzogen wurde und er auch seine Großmutter Eva nicht mehr besuchen durfte, war diese so verzweifelt, dass sie versuchte, sich mit einer Überdosis Morphiumtinktur umzubringen. Ihre Freundin Carol war es, die sie rettete: Sie hatte geahnt, dass sich Eva in einer schweren Krise befand, war zu ihr gefahren und gerade noch rechtzeitig gekommen, um sie ins Krankenhaus zu bringen. »Da betrat ich die Vorhölle und blieb dort. Jahrelang«, erklärt Marianne rückblickend.

Während ihrer Drogensucht lernte Marianne den Antiquitätenhändler Oliver Musker kennen, der sich zum Ziel setzte, sie von der Sucht zu befreien. »Und bevor ich wusste, wie mir geschah, war ich im Bexley Hospital.« Während des Entzugs besuchte er sie jeden Tag in der Klinik. Marianne Faithfull ist sich sicher: »Ohne ihn wäre ich heute nicht mehr am Leben.« Als Oliver ihr einen »bildschönen Verlobungsring, ein Familienstück« schenkte und ihr die Heirat vorschlug, war sie eine Weile versucht, seinen Antrag anzunehmen. Im letzten Moment habe sie es aber dann doch nicht geschafft. Sie liebte ihn aus Dankbarkeit für das, was er für sie getan hatte, und verstand seinen »Wunsch nach einem normalen Leben und einer normalen Beziehung«. Doch sie wusste, dass sie dazu nicht fähig war.

Mitte der 1970er Jahre begann Marianne Faithfull, den Kontakt zu Plattenfirmen aufzunehmen. Ihr früherer Manager Tony Calder nahm sie unter Vertrag, und sie sang das Lied »Dreamin' My Dreams«, das in Irland sieben Wochen lang die Charts anführte. 1976 brachte sie das Album *Faithless* heraus. Im selben Jahr lernte sie den Musiker Ben Brierly kennen, der 1979 ihr zweiter Ehemann wurde. Es wurde die leidenschaftlichste Beziehung ihres Lebens, die auch von einer »wilden Romantikerin« wie ihrer Mutter akzeptiert wurde, mit der sie wieder in engem Kontakt stand. Ben sorgte dafür, dass Marianne mit anderen Musikerinnen und Musikern zusammenkam, »mit Leuten, die in Musik dachten und die ganze Zeit spielten«.

1979 erschien Marianne Faithfulls Album *Broken English*. Alle Songs des Albums haben etwas mit ihrem Leben zu tun: »The Hurry« erzählt von der Angst, mit der man als Drogenabhängige lebt; »Witches' Song« ist »eine Ode an die wilden, heidnischen Frauen«, darunter auch ihre Mutter, die eine »sehr lichte, liebende Seite und das unheilvolle Pendant dazu, eine wirklich sehr dunkle Seite« hatte; »The Ballad of Lucy Jordan« ist für die Frauen gedacht, »die gefangen sind in den verborgenen wahren Schrecken des ›sicheren Lebens‹, das ihnen als erstrebenswertes Ziel eingetrichtert wird«. Das Album wurde zu einem Welthit. Es sei deshalb so gut geworden, so Faithfull, weil sie mit der Band zwei Jahre lang Vorarbeit geleistet habe, bevor sie die Platte aufgenommen habe: »Es wurde ein Juwel.«

1985, nachdem sie immer wieder rückfällig geworden war und einen weiteren Selbstmordversuch mit Heroin unternommen hatte, begab sich Marianne Faithfull zum endgültigen Entzug in die Hazelden Clinic in Minneapolis. In der ersten Phase ihrer Genesung zog sie zusammen mit ihrer Mutter in ein Haus in Cambridge. »Das war im Grunde unsere beste Zeit.« Obwohl Eva froh war, dass ihre Tochter von den Drogen losgekommen war, ließ sie sich manchmal zu Bemerkungen hinreißen wie: »Marianne, du bist wirklich viel zu nüchtern.« Damit verlieh sie ihrer Verwunderung über die Veränderung ihrer Tochter Ausdruck: Sie erschien ihr mittlerweile etwas zu normal, ja beinahe langweilig zu sein. 1986 ließ sich Marianne von Ben Brierly scheiden, 1988 heiratete sie den Schauspieler Giorgio Della Terza. Die Ehe wurde 1991 geschieden.

Am 22. Mai 1991 starb Eva Faithfull, geborene Sacher-Masoch, im Alter von 80 Jahren. In den letzten fünf Jahren ihres Lebens sei sie »der liebenswürdigste, strahlendste Mensch« gewesen. Marianne erhielt die Todesnachricht, als sie auf Tournee in Australien war. Auf dem Rückflug las sie Robert Ranke-Graves' Werk *Die weiße Göttin* (engl.: *The White Goddess*, 1848) zu Ehren ihrer Mutter, die für sie die Verkörperung dieser Göttin gewesen war.

Marianne Faithfull, die Überlebenskünstlerin, hat in ihrem Leben einige schwere Krankheiten überstanden, darunter eine Covid-Erkrankung mit Spätfolgen für ihre Stimme. Immer wieder hat sie sich neu erfunden: als Sängerin, als Theater- und Filmschauspielerin. Auf ihrem letzten Album *She Walks In Beauty* (2021) spricht sie elf Gedichte englischer Dichter des frühen 19. Jahrhunderts, darunter Lord Byron, John Keats und Percy Bysshe Shelley. Auf die Frage der *Los Angeles Times*, ob sie wieder singen werde, antwortete sie, sie absolviere einmal in der Woche ein Gesangstraining. »Ich gebe mein Bestes, aber es ist sehr hart.« ❖

Ingrid Bergman und Isabella Rossellini

❖ In ihrer Autobiographie *Some of Me* (1997) schildert Isabella Rossellini, wie sie einmal ein Antiquitätengeschäft betrat, um sich darin umzuschauen. Es gab viele schöne Dinge zu entdecken, Möbel, Lampen, alte Spiegel. Außer ihr war nur noch eine weitere Kundin im Geschäft, die sehr distinguiert und Respekt einflößend wirkte. Daher wich ihr Isabella jedes Mal aus, wenn sie sich beim Herumschlendern zwischen den Objekten zu nahekamen. »Sie erinnert mich an Mutter«, dachte sie, bevor sie – »Peng« – mit der vornehmen Frau zusammenstieß, das heißt, ihr direkt ins Gesicht schaute. Dann die Entdeckung: »Die Dame war ich!« Es war ihr eigenes Spiegelbild gewesen, mit dem sie in einen stummen Dialog getreten war, als es ihr auf den ausgestellten Spiegeln immer wieder begegnet war.

Isabella Rossellini war daran gewöhnt, stets in Bezug auf andere wahrgenommen zu werden, zuallererst in Bezug auf ihre Mutter, die berühmte Schauspielerin Ingrid Bergman. Auf sie folgte ihr Vater, der ebenso berühmte Filmregisseur Roberto Rossellini. Beide gingen in ihrer Arbeit auf, konnten sich keine andere Existenzform vorstellen.

Ingrid Bergman antwortete regelmäßig auf die Frage, was ihr das Wichtigste sei, mit der für sie charakteristischen Ehrlichkeit: die Schauspielerei. Nicht nur das Wichtigste, sondern auch das Allerliebste. Anfangs fühlte sich Isabella dadurch gekränkt, es dauerte eine Weile, bis sie sich nicht mehr davon verletzen ließ. Sie erkannte, dass ihre Mutter nicht aus ihrer Haut konnte.

Wie gerne hätte Ingrid Bergman, die am 29. August 1915 in Stockholm geboren wurde, ihre Familie als das für sie Wichtigste und Liebste genannt, aber es war ihr unmöglich, zu lügen oder sich um die Antwort herumzudrücken. Die Schauspielerei war für sie einfach alternativlos. Es ging so weit, dass sie einmal erklärte, sie würde selbst dann am Theater bleiben, wenn sie aus irgendeinem Grund nicht mehr spielen könnte. »Ich würde Garderobiere werden, irgendetwas, aber ich brauche das Theater.«

Ein Familienleben mit Mutter, Vater, Kind hatte Ingrid Bergman selbst nicht erfahren. Ihre Mutter, die aus Deutschland stammende Friedel Adler, war 1918 gestorben, als Ingrid zwei Jahre alt gewesen war. Ihr Vater, Justus Bergman, starb, als sie 13 war. Ingrid lebte abwechselnd bei Verwandten: den Tanten Ellen und Hulda sowie ihrem Onkel Otto. Mit 12 Jahren stand sie zum ersten Mal auf der Bühne. Sie wirkte bei einer Schulaufführung mit, auf die weitere folgten. Fünf Jahre später wurde sie an der Schauspielschule des Königlichen Dramatischen Theaters in Stockholm aufgenommen und empfand zum ersten Mal ein Gefühl des Zuhauseseins. Von früher Kindheit an hatte sie eine Traumrolle: Johanna von Orléans. Doch es sollte noch einige Jahre dauern, bis sie ihre Traumrolle spielen würde.

1937 heiratete Ingrid Bergman den Zahnarzt Dr. Petter Aaron Lindström. Am 20. September 1938 kam ihre Tochter Friedel Pia zur Welt. 1939 folgte Ingrid Bergman der Einladung des Produzenten David O. Selznick in die USA, spielte in den kommenden Jahren im New York Theater und stand vor der Kamera, unter anderem 1942 für den

Kultfilm *Casablanca*, der ihre weltweite Berühmtheit begründete. Für die Rolle der Paula in *Das Haus der Lady Alquist* (engl. *Gaslight*, 1944) erhielt sie den Oscar als beste Hauptdarstellerin. Zwei weitere sollten folgen. Zusammen mit ihrem Mann und ihrer Tochter lebte sie von 1944 bis 1949 in Beverly Hills. In dieser Zeit begann ihre Zusammenarbeit und lebenslange Freundschaft mit Alfred Hitchcock. Unter seiner Regie drehte sie drei Filme, die zu ihren herausragenden Arbeiten gehörten, allen voran *Notorious* (dt. *Berüchtigt*) im Jahr 1946.

1948 war es endlich so weit: Unter der Regie von Victor Fleming spielte sie in dem Film *Joan of Arc* endlich ihre Traumrolle – und blieb seitdem mit dieser Figur untrennbar verbunden. Das Publikum machte keinen Unterschied zwischen Rolle und Darstellerin. Ingrid Bergmans Gesicht diente sogar eine Zeitlang als Vorlage für Marienstatuen, wie ihr Biograph Thilo Wydra berichtet: »Aus der heiligen Johanna wird die heilige Ingrid.«

Doch damit sollte es eines Tages abrupt vorbei sein. In seiner Biographie *Ingrid Bergman. Ein Leben* (2017) schildert Wydra ausführlich den ebenso schnellen wie tiefen Fall, den seine Protagonistin im prüden Amerika der 1940/50er Jahre erleiden musste. Aus der unantastbaren, überirdischen, nicht ganz realen Ikone sei beinahe über Nacht eine durchaus irdische, körperliche Frau geworden. »Sie, die Nonne, die Heilige, die Selbstlose, die Romantische – sie hat eine Liebesaffäre mit einem Italiener und gebiert ihm ein uneheliches Kind.« Die einer Anbetung gleichkommende Verehrung verwandelte sich in eine rigorose Ablehnung, als die Angebetete sich so verhielt, wie es eine Heilige niemals tun würde: Sie verließ ihren Mann und ihre Tochter, um mit Roberto Rossellini zusammenzuleben, der ebenfalls verheiratet war und Kinder hatte. »Es ist der große internationale Gesellschaftsskandal der fünfziger Jahre, wenn nicht des 20. Jahrhunderts«, befindet Wydra.

Die Skandalaffäre hatte 1949 ihren Anfang genommen: Ingrid Bergman – inzwischen längst ein Weltstar – hatte Roberto Rossellini bei den Dreharbeiten zu seinem Film *Stromboli* kennengelernt. Das

Treffen mit dem Regisseur hatte sie selbst herbeigeführt, weil sie von seiner Arbeit tief beeindruckt gewesen war. Die Begegnung mit seinem Werk *Rom, offene Stadt* (ital. *Roma città aperta*, 1945) sei für sie das wichtigste Ereignis in ihrem Leben gewesen, berichtet ihre Tochter Isabella. Ganz anders als die Hollywoodfilme hatte Rossellinis Film das wirkliche Leben gezeigt, das die Schauspielerei in den Hintergrund treten ließ. »Jemand, der so etwas auf die Leinwand bringen kann, muss ein begnadeter Mensch sein«, war sich Ingrid Bergman sicher gewesen. Nach seinem nächsten Film, *Paisà* (1946), hatte sie den Mut gefasst, ihm zu schreiben und die Zusammenarbeit anzubieten. »Wenn Sie eine schwedische Schauspielerin brauchen, die sehr gut Englisch spricht, ihr Deutsch nicht vergessen hat, deren Französisch nicht sonderlich verständlich ist und die im Italienischen nur ›ti amo‹ kennt, so bin ich bereit, zu kommen und einen Film mit Ihnen zu drehen«, hatte es in ihrem Brief geheißen. Seine umgehende Antwort: »Ich träumte schon lange davon, mit Ihnen einen Film zu drehen und von diesem Augenblick an werde ich alles versuchen, um es möglich machen.«

Aus der schwedischen Schauspielerin und dem italienischen Regisseur war ein Liebespaar geworden – und Ingrid Bergman schwanger. Sie verließ ihren Ehemann und ihre Tochter, heiratete Rossellini im Mai 1950 in Rom und brachte im Februar ihren Sohn Ingmar Robertino zur Welt. Die Ehe mit Petter Lindström wurde im November geschieden. 1952 folgten die zweieiigen Zwillinge Isabella Fiorella und Ingrid Isotta.

Isabella wuchs in Italien auf, lebte weder bei der Mutter noch beim Vater, so Isabella, sondern »bei Argenide, der Haushälterin und ihrem Sohn Orlando und einer endlosen Schar Kindermädchen«, die aus aller Welt kamen und immer nur für kurze Zeit blieben. Argenide wurde für Isabella zu einer zweiten Mutter. Eine wichtige Konstante bildete der Ort, an dem sie lebten: die ›Kinderwohnung‹, die in Rom nach ihren Bedürfnissen für sie eingerichtet worden war. Sie befand sich gegenüber der Wohnung ihres Vaters.

Weder Ingrid Bergman noch Roberto Rossellini waren bereit zu Kompromissen. Rossellinis Eigensinn ging so weit, dass er finanzielle Notlagen in Kauf nahm, sobald es darum ging, seine künstlerischen Ansprüche zu realisieren. In regelmäßigen Abständen wurden die Möbel der Familie beschlagnahmt, um die aufgelaufenen Schulden zu bezahlen, erinnert sich Isabella Rossellini. Weil die Spielfilme ihres Vaters wie Dokumentationen wirkten, weigerten sich einige Geldgeber, dafür zu zahlen, so dass er auf den Produktionskosten sitzen blieb.

Nicht nur das Zusammenkommen ihrer Eltern war durch die Arbeit bedingt gewesen, sondern letztlich auch das Auseinandergehen, berichtet Isabella. So warf Rossellini seiner Frau vor, seine Filme nicht zu verstehen. 1957 trennte sich das Paar, ihre Ehe wurde annulliert. Ein Jahr später heiratete Ingrid Bergman den schwedischen Produzenten Lars Schmidt, die Ehe bestand bis 1970.

Im Jahr ihrer Trennung von Roberto Rossellini kehrte Ingrid Bergman nach achtjähriger Abwesenheit in die USA zurück. Mit dem Oscar, den sie für ihre Darstellung der Anastasia im gleichnamigen Film 1957 erhalten hatte, feierte sie ihr Hollywood-Comeback. Sie erhielt das Sorgerecht für die drei gemeinsamen Kinder aus ihrer Ehe mit Rossellini und traf ihre Tochter Pia nach acht Jahren zum ersten Mal wieder. Das Mädchen selbst hätte seine Mutter gerne häufiger gesehen, wie Pia im Interview mit Thilo Wydra gestand. Doch es sei ihr letztlich nicht anders gegangen als allen Kindern Ingrid Bergmans. Keines hätte mit der Mutter gelebt, auch die drei »italienischen« nicht. Dabei habe Bergman keine Schuldgefühle gehabt. Sie sei selbst ohne Eltern aufgewachsen, und es sei ihr dabei bestens gegangen, so ihre Meinung. Überhaupt wisse sie gar nicht, warum der Kindheit so viel Bedeutung beigemessen werde. »Das ist so ein kurzer Zeitraum. Warum ist das bloß so?« Sowohl Pia als auch Isabella berichten übereinstimmend, ihre Mutter habe ihnen immer wieder gesagt, dass sie nichts bereue – eine Ehrlichkeit, die für ihre Kinder schmerzhaft gewesen sein muss.

Die unbedingte Wahrheitsliebe ihrer Mutter konnte Isabella Rossellini weder nachvollziehen noch selbst praktizieren. Sie hatte dafür ein viel zu schlechtes Gedächtnis. »Wenn ich etwas nicht mehr weiß, verlasse ich mich auf meine Phantasie. Ich reichere meine Geschichten mit Erfindungen an«, räumt sie ein. Und zwischen Erfindung und Lüge bestehe bei ihr kein Unterschied. Doch es gibt neben den Gegensätzlichkeiten auch viele Gemeinsamkeiten von Mutter und Tochter. Eine besteht in der Verehrung des Pragmatismus. Für Ingrid Bergman hatte er den gleichen Stellenwert wie Intelligenz und einen höheren als Gelehrsamkeit – doch an erster Stelle der erstrebenswerten Charaktereigenschaften rangierte für sie der Humor.

Allerdings war für Isabella der Pragmatismus ihrer Mutter manchmal zu stark ausgeprägt. Er grenzte gar ans Makabre – ähnlich wie deren Ablehnung kleinster Notlügen. So kennzeichnete Ingrid Bergman drei feine Kleider, die sie sorgfältig verpackt hatte, wie eine pflichtbewusste Archivarin mit den Benennungen »Erste Hochzeit«, »Zweite Hochzeit«, »Dritte Hochzeit«. Fotos von Freundinnen und Freunden, die sie vor zwei Fenstern aufstellte, ordnete sie danach, ob die Abgebildeten noch am Leben oder schon gestorben waren. Im Laufe der Zeit mussten sie zwangsläufig umgeordnet werden, so dass das Fenster mit den Lebenden immer weniger und das Fernster mit den Verstorbenen immer stärker frequentiert wurde.

Hilfreich für die Tochter war aber Ingrid Bergmans Pragmatismus in Sachen Schauspielkunst. Nur einen einzigen Rat habe sie ihr erteilt: So wenig wie möglich, »am besten gar nichts« zu machen, um eine bestimmte Stimmung zu erzeugen. Besser gar nichts, als etwas Falsches oder Schlechtes, lautete ihre Devise. »Die Geigen sorgen schon dafür, dass die Figur, die du darstellen sollst, die richtige Aura bekommt.« Auch in *Casablanca* habe sie diesen Trick angewendet. In jener Szene, in der Ilsa ihren ehemaligen Geliebten Rick nach vielen Jahren in seinem Café wiedersieht, habe sie nicht gewusst, ob Ilsa in Rick oder ihren Ehemann Victor Laszlo verliebt sein sollte. Noch während der

Dreharbeiten sei das Drehbuch immer wieder umgeschrieben worden. Also habe sie die Wiedersehensszene so »neutral« wie möglich gespielt und sich auf die atmosphärische Wirkung der Geigen verlassen. Es hat offensichtlich hervorragend funktioniert.

Ein Vorbild an Freiheit war Ingrid Bergman für ihre Tochter in der Gestaltung ihres Alltags und den damit verbundenen Prioritäten, die sie setzte. Sie wollte sich ihre Lebensweise nicht von ihren finanziellen Verhältnissen bestimmen lassen. Nur weil sie viel Geld verdiente, wollte sie nicht das Leben einer reichen Frau führen. Luxus war für sie nichts Erstrebenswertes – bis auf zwei Ausnahmen: unbekümmertes Telefonieren mit Freundinnen und Freunden in aller Welt (zu einer Zeit, in der internationale Telefongespräche noch sehr teuer waren) und Reisen in der Ersten Klasse. Jeden anderen Luxus lehnte sie ab, wie eine sich wiederholende Episode in ihrem Leben zeigt: Als Ingrid Bergman 1938 zum ersten Mal nach Hollywood kam, traf sie dort auf ungeschriebene Gesetze, die ihr nicht nur fremd, sondern sogar absurd erschienen. So habe der Produzent David O. Selznik nicht glauben können, dass sie keinen Nerzmantel hatte – ein Kleidungsstück, das dort alle Frauen besaßen, auch wenn es nicht zu den klimatischen Verhältnissen Kaliforniens passte. War man irgendwo privat eingeladen, so war es üblich, den Pelzmantel auf dem Bett der Gastgeberin abzulegen. Innerhalb kurzer Zeit »ächzte« das Bett unter dem Stapel wertvoller Last. Ingrid Bergman kam nicht umhin, sich ein solches Kleidungsstück zuzulegen. Allerdings war es ihr unmöglich, dafür so viel Geld auszugeben, dass sie mit den anderen Frauen mithalten konnte. Sie kaufte sich ein preiswerteres Modell, was den verständnislosen Selznik dazu veranlasste, ihr zu Weihnachten einen Persianer zu schenken. Damit würde sie endlich angemessen gekleidet sein. Sie trug ihn so gut wie nie. Zehn Jahre später in Rom glaubte sie, ein Déjà-vu zu erleben: Diesmal war es Roberto Rossellini, der nicht fassen konnte, dass sie keinen Nerzmantel besaß. Jede Frau habe schließlich so ein Kleidungsstück. Ihre Antwort, eben das sei der Grund, warum sie keinen wolle, ließ er nicht gelten, sondern schenkte ihr – wie seinerzeit Selznik – zu Weihnachten einen Nerzmantel. Praktisch, wie sie nun einmal war, verwendete sie den Pelz zunächst als Innenfutter eines Regenmantels und schenkte ihn später Isabella zu ihrem 21. Geburtstag mit der Widmung: »Für Isabella. Keine Angst, die Nerze mussten vor dreißig Jahren dran glauben.« Isabella konnte damit ebenso wenig anfangen wie mit den anderen Gaben ihrer Mutter: der Armbanduhr zur Kommunion und der Perlenkettee, die sie im Alter von 16 Jahren erhielt und prompt verlor.

Als Isabella elf Jahre alt war, stellte der Schularzt fest, dass ihre Wirbelsäule verkrümmt war. Skoliose war die Diagnose. In den kommenden zwei Jahren verschlechterte sich ihr Zustand dramatisch. Doch es gab in Florenz einen Arzt, Professor Alberto Ponte, der diese Krankheit erfolgreich therapieren konnte. Zusammen mit ihren Eltern suchte sie den Arzt auf, der ihnen mitteilte, dass eine Operation notwendig sein würde und sie anschließend für längere Zeit vom Hals bis zur Hüfte einen Gips tragen müsse. Doch bevor die Operation ausgeführt werden konnte, musste die Wirbelsäule gestreckt werden, was eine wahre Tortour wurde, weil es ohne Narkose geschehen musste – »man brach die Streckung ab, wenn ich vor Schmerz das Bewusstsein verlor«. Die Operation selbst dauerte sieben Stunden, anschließend verbrachte Isabella 18 Monate im Gipskorsett. An all das erinnert sie sich genau, vor allem aber an die Zuwendung, die ihr die Mutter in dieser Zeit schenkte. Ingrid Bergman hörte für fast zwei Jahre auf zu arbeiten und verbrachte jeden Tag bei ihrer kranken Tochter in Florenz und Rom. »Es ist etwas ganz anderes, krank zu sein und eine Mutter zu haben, die dich wäscht, dir hilft, dir Gesellschaft leistet, Filme mit dir anschaut – als keine Mama zu haben«, erklärte Isabella Rossellini ihrem Biographen. Sie habe erlebt, dass die Mutter ihre Karriere hintangestellt habe, um bei ihr sein zu können. »Pia und Ingrid Isotta haben das nie erlebt, sie haben aber auch nie gesagt: ›Mama, gib deine Karriere auf und bleib bei mir.‹«

In ihrem Buch *Some of me* gibt Isabella Rossellini zu, ein schlechtes Gewissen gehabt zu haben, weil sie ihre Mutter »von dem abhielt, was sie so sehr liebte – die Schauspielerei«. In dieser Zeit habe sie gelernt, »dass man Wünsche haben kann, die sich nicht vereinbaren lassen: Ich wollte meine Mutter bei mir haben, doch zugleich wollte ich nicht, dass sie ihre Arbeit wegen mir aufgeben musste.« Isabella nahm sich vor, nie mehr eine Belastung für andere zu sein. Mit Erfolg. Dass sie es unter den widrigen Umständen sogar bis zum Model geschafft hat, macht sie im Nachhinein stolz – »es ist ein phantastisches Gefühl, das Schicksal besiegt zu haben«.

Ihrem eisernen Willen war es zu verdanken, dass Isabella wieder ganz gesund wurde. Nachdem sie die Krankheit überwunden hatte, arbeitete sie zunächst als Modedesignerin, als Kostümbildnerin bei einigen Filmen ihres Vaters und als Reporterin für den italienischen Rundfunk RAI. Bei einem ihrer Interviews lernte sie 1979 den amerikanischen Regisseur Martin Scorsese kennen, verliebte sich in ihn und heiratete ihn wenige Monate später. Die Ehe wurde 1982 geschieden. Mit ihrem zweiten Ehemann, dem Model Jonathan Wiedemann, war sie noch kürzer verheiratet, 1983 wurde ihre Tochter Elettra geboren, 1994 adoptierte sie den zwei Jahre alten Roberto.

1982 begann ihre erfolgreiche Zusammenarbeit als Model mit der französischen Kosmetikfirma Lancome. Eine Zeitlang war sie das bestbezahlte Model der Welt, das mit allen namhaften Fotografinnen und Fotografen arbeitete. In Madonnas Bildband *Sex* (1992) würde sie sich als Drag King präsentieren.

1986 lernte sie David Lynch auf einer Party kennen. Die beiden wurden ein Paar. Im gleichen Jahr stand sie für *Blue Velvet* vor der Kamera. Ihre schonungslose Darstellung der lasziven Nachtclubsängerin Dorothy löste beim Publikum kontroverse Reaktionen aus. Ihre Rolle ließ sich so gar nicht vergleichen mit jenen Frauenrollen, die ihre Mutter gespielt hatte. Die Ablehnung der konservativen Filmkritiker hinderte Isabella Rossellini jedoch nicht daran, auch im nächsten Film mit David Lynch, *Wild at Heart* (1990), die dunkle Seite ihrer strahlenden Schönheit in den Vordergrund zu stellen. Danach folgten die Trennung von David Lynch und das Ende ihrer Modelkarriere.

Weiterhin arbeitete sie mit namhaften Regisseuren wie Peter Weir, John Schlesinger, Abel Ferrara, Guy Maddin und pflegte das filmische Vermächtnis ihrer Eltern in diversen Produktionen. Die große physische Ähnlichkeit mit ihrer Mutter, die sie manches Mal als Bürde empfunden hatte, machte sie nun zum Inhalt ihrer künstlerischen Arbeit. Ihre Hommage zum 100. Geburtstag ihres Vaters, *My Dad is 100 Years Old* aus dem Jahr 2005, behandelt die Hauptfiguren der Filmgeschichte von Fellini bis Hitchcock und deren Gedanken zum Kino – vom Trügerischen der Traumfabrik Hollywood bis zur Wahrhaftigkeit des neorealistischen Films. Alle Figuren in dem Kurzfilm, bei dem Guy Maddin Regie führte, wurden von Isabella selbst gespielt. Der filmische Höhepunkt: die Darstellung ihrer Mutter. Zudem realisierte sie als Produzentin, Regisseurin und Schauspielerin die skurrilen Kurzfilmserien *Green Porno* (2008), *Seduce Me* (2010) und *Mammas* (2013), die sich zwischen Kunst und Wissenschaft bewegen, sich den Paarungsritualen in der Tierwelt widmen und den Mutterinstinkt in Frage stellen.

2017 erschien ihr Buch *Meine Hühner und ich*, in dem die Hühner, die sie auf ihrem Bauernhof auf Long Island züchtet, mit Text und Bild wie Models präsentiert werden. Mit diesem humoristischen Werk kämpft sie auf originelle Weise für den Erhalt der Artenvielfalt.

Ingrid Bergmans letzter Kinofilm, *Herbstsonate* (*Höstsonaten*, 1978) war ihr erster und einziger unter der Regie von Ingmar Bergman. Thema ist das Mutter-Tochter-Verhältnis: Die berühmte Konzertpianistin Charlotte (Ingrid Bergman) besucht an einem Wochenende im Herbst ihre Tochter Eva (Liv Ullmann), die sie vor sieben Jahren zum letzten Mal gesehen hat. Beide hoffen auf eine Annäherung, doch diese misslingt. In der wohl eindrucksvollsten Szene spielt Eva ihrer Mutter Chopins *Prélude Nr. 2 a-moll* vor und wartet auf deren Reaktion. Diese interpretiert das nuancen- und dissonanzreiche Werk daraufhin so, wie sie es versteht: kraftvoll und ohne Sentimentalität. Sie liefert eine Demonstration ihres Könnens und zugleich eine Zurückweisung der Bemühung ihrer Tochter, wie sie vernichtender nicht sein kann.

Bei den Dreharbeiten war Ingrid Bergman bereits schwer krank. 1974 hatte man bei ihr Brustkrebs diagnostiziert und erfolgreich therapiert. Doch die Krankheit war einige Jahre später zurückgekommen. Obwohl sie nicht darüber sprach und mit gewohnter Disziplin arbeitete, wusste der Regisseur Ingmar Bergman, wie es um sie stand. Er berichtet in seinen Erinnerungen, dass sie einmal während einer Drehpause unvermittelt gesagt habe: »Du weißt, dass ich von geliehener Zeit lebe.« Ingrid Bergman starb am 29. August 1982, ihrem 67. Geburtstag, in London. ❖

Gracia Patricia, Caroline und Stéphanie von Monaco

❖ Die Verwandlung von der bewunderten amerikanischen Film-schauspielerin Grace Kelly zu Ihrer Hoheit Fürstin Gracia Patricia von Monaco geschah nicht allmählich, sondern abrupt mit ihrer Heirat im April 1956 – beinahe von einem Tag auf den anderen. Ob für Grace von Anfang klar war, dass mit der Eheschließung ihre Arbeit als Schauspielerin ein für alle Mal beendet sein und es in Zukunft nur noch eine Rolle, die der Fürstin von Monaco, für sie geben würde, ist nicht bekannt. Auch nicht, was das Verbot ihres Ehemannes, weiterhin als Filmschauspielerin zu arbeiten, für die Beziehung der beiden bedeutete.

In einem waren sich Gracia Patricia und Fürst Rainier jedenfalls einig: Sie fanden ihre Hochzeit »grauenhaft«. So sehr, dass sie sich ein Jahr lang nicht einmal die Fotos anschauten, wie ihre älteste Tochter Caroline in einem Fernsehinterview erzählte. Es sei ihr schwer gefallen, »diesen Rummel« über sich ergehen zu lassen, habe ihr ihre Mutter gestanden.

700 Gäste waren zu dem großen Ereignis eingeladen, das weltweit im Fernsehen übertragen wurde und als ›Märchenhochzeit des Jahrhunderts‹ in die Geschichte eingehen sollte. Etwa 30 Millionen Zuschauerinnen und Zuschauer saßen vor den Bildschirmen und ließen sich das Medienereignis nicht entgehen. Am 18. April um 11 Uhr fand die standesamtliche Trauung im Thronsaal des Fürstenpalastes von Monaco statt. Um 16 Uhr gab es für das monegassische Volk in den Palastgärten einen Empfang. Die kirchliche Trauung erfolgte am nächsten Morgen. Anschließend wurde das Mittagessen im Innenhof des Palastes serviert. Noch am selben Tag gingen die Frischverheirateten auf Hochzeitsreise. Sie unternahmen eine siebenwöchige Kreuzfahrt auf dem Mittelmeer. Am 6. Juni legte das Schiff wieder im Hafen von Monaco an. Gracia Patricia war schwanger.

Am 23. Januar 1957 wurde Prinzessin Caroline geboren, was der Öffentlichkeit mit 21 Salutschüssen mitgeteilt wurde. Bereits 14 Monate später, am 14. März 1958, verkündeten 101 Salutschüsse die Geburt eines Sohnes: Prinz Albert. Danach sollte es sieben Jahre dauern, bis Prinzessin Stéphanie am 1. Februar 1965 zur Welt kam. Die Rolle der Fürstin war für Gracia Patricia von Anfang an untrennbar mit der Mutterrolle verbunden. Als solche wurde sie auch von ihren Kindern beinahe ausschließlich wahrgenommen. Für ihn und seine Schwestern sei sie in erster Linie die Mutter gewesen, »eine ganz unglaubliche, großzügige Person, die anderen viel von ihrer Zeit geschenkt hat«, berichtete Fürst Albert dem Biographen Grace Kellys, Thilo Wydra. »Ausgesprochen liebevoll, ausgesprochen achtsam« sei sie gewesen. »Wir hatten ein wunderbares Leben mit ihr.«

»Sie war voll und ganz Mutter, voll und ganz Ehefrau«, bestätigte auch die frühere Pressechefin des Fürstenpalastes, Nadia LaCoste. Gracia Patricia habe so viel Zeit wie möglich mit ihren Kindern verbracht. Die Tage auf dem Landsitz Roc Agel, wo sich die Familie während der Sommerferien und an den Wochenenden gerne aufhielt, habe sie sehr genossen: ein Leben auf dem Land mit Pferden, Kühen, Hühnern – endlich jenseits von Protokoll und Etikette.

Caroline relativierte die Aussagen ihres Bruders und der Pressechefin hingegen in einem Interview, indem sie auf die häufige Abwesenheit ihrer Eltern hinwies und die Bedeutung ihrer »nounou«, der englischen Gouvernante, betonte, die für sie eine wichtige Bezugsperson gewesen sei.

Dass Gracia Patricia ihre Position als Fürstin ernst nehmen würde, stand außer Zweifel. Sie war in hohem Maße pflicht- und verantwortungsbewusst. Journalistinnen und Weggefährten führen das auf ihre deutsche Herkunft zurück, die den meisten Menschen unbekannt ist. »Bis heute wird die Tatsache, dass die Schauspielerin Grace Kelly, spätere Fürstin Gracia Patricia von Monaco, eine deutsche Mutter hatte, eher vernachlässigt«, schreibt Thilo Wydra. Ihre Vorfahren mütterlicherseits stammten aus Deutschland. Sie habe eine »gute, strenge, deutsche Erziehung« genossen, berichtete Graces Mutter Margaret, eine geborene Majers. Ihre Eltern hätten »sehr an Disziplin« geglaubt – »keine Tyrannei oder so etwas Ähnliches, aber doch eine gewisse Festigkeit«. Ihr Enkel, Fürst Albert, schilderte seine Großmutter im Gespräch mit dem Biographen als »eine unglaubliche Frau«. Sehr stark sei sie gewesen, habe ihm und seinen Schwestern nichts durchgehen lassen und großen Wert auf Ordnung gelegt. Den Plan, ihren vier Kindern Deutsch beizubringen – in ihrem Elternhaus wurde ausschließlich Deutsch gesprochen –, konnte Margaret allerdings nicht umsetzen, weil diese Widerstand leisteten und ihr Ehemann, John Brendan Kelly, ebenfalls dagegen protestierte. Er stammte aus einer armen irischen Immigrantenfamilie und war mit neun Geschwistern aufgewachsen.

Die 14-jährige Margaret Majer und der 23-jährige John Kelly, hatten sich im Philadelphia Athletic and Social Club kennengelernt. Margaret hatte eine Ausbildung als Schwimm- und Sportlehrerin absolviert und als erste Frau Leibesübungen an der University of Pennsylvania unterrichtet. Nebenbei hatte sie die Cover amerikanischer Zeitschriften geziert. John Kelly war sowohl als Ruderer als auch als Unternehmer überaus erfolgreich gewesen. Dreimal hatte er bei den Olympischen Spielen gesiegt. Der gelernte Maurer hatte zunächst in der Firma seines älteren Bruders gearbeitet und 1921 sein eigenes Bauunternehmen gegründet, das immer mehr expandierte. Nachdem er seine sportliche Karriere beendet hatte, heiratete er 1924 Margaret Majer. Seine berufliche Laufbahn scheint ein Beweis für die soziale Durchlässigkeit der amerikanischen Gesellschaft zu sein, in der der Aufstieg ›vom Tellerwäscher zum Millionär‹ möglich war.

Grace Patricia Kelly wurde am 12. November 1929 im Hahnemann University Hospital in Philadelphia geboren. Sie war das dritte von vier Kindern und nahm von Anfang an einen Sonderplatz ein, denn im Gegensatz zu ihren Geschwistern und ihren Eltern interessierte sie sich nicht für sportliche Wettkämpfe. Sie galt als unsportlich – in Amerika ein Makel –, war von zarter Konstitution und labiler Gesundheit, was ihre Geschwister dazu animierte, sich über sie lustig zu machen. Graces Reaktion bestand darin, sich in eine eigene Welt zu flüchten und möglichst unabhängig von ihrer Familie zu werden. Als Hilfsmittel dienten ihr ihre Puppen, denen sie verschiedene Charaktere und Stimmen zuordnete.

Zeitlebens problematisch blieb ihr Verhältnis zu ihrem Vater. Es ist nicht verwunderlich, dass es ihr nicht gelang, eine Beziehung zu ihm aufzubauen: Er verstand seine feinfühlige, künstlerisch begabte Tochter nicht, die keine seiner Interessen teilte. Das tat aber sein älterer Bruder George, der zunächst als Schauspieler gearbeitet und sich dann auf das Schreiben von Bühnenstücken verlegt hatte (1926 erhielt er für das Melodram *Craig's Wife* den Pulitzer-Theater-Preis). Durch Onkel George lernte Grace eine Welt kennen, die ihren Wünschen und Talenten entsprach. Schon im Alter von zwölf Jahren nahm sie Schauspielunterricht und stand in Laienaufführungen auf der Bühne. Von Anfang an fielen ihre Pünktlichkeit, Zuverlässigkeit und Textsicherheit positiv auf – in einem Kontext, in dem diese Eigenschaften eher selten waren. Sie fasste das Ziel, Schauspielerin zu werden, und verfolgte es mit Begeisterung und Hingabe, wohl wissend, dass ihre Familie ihr einen Erfolg nicht zutraute – allen voran ihr Vater. Er missbilligte ihren Entschluss und prophezeite, dass sie binnen kürzester Zeit nach Philadelphia in den Schoß der Familie zurückkehren würde. Doch sie selbst glaubte an sich und wusste, dass sie sich auf ihr Durchsetzungs- und Durchhaltevermögen verlassen konnte – nur das war entscheidend.

Nachdem sie die Highschool abgeschlossen hatte, begann sie 1947 ein Studium an der American Academy of Dramatic Arts in New York und arbeitete nebenbei als Model. Sie schloss die Schauspielschule ab und feierte 1949 ihr Bühnendebüt am Broadway in August Strindbergs Drama *Der Vater* (schwed. *Fadren*). Das Stück wurde 69 Mal aufgeführt. 1951 folgte ihr Kinodebüt: Unter der Regie von Henry Hathaway spielte sie in *Vierzehn Stunden* (engl. *Fourteen Hours*). Ein Jahr später drehte sie unter der Regie von Fred Zinnemann an der Seite von Gary Cooper den Film, mit dem sie berühmt wurde: *Zwölf Uhr mittags* (engl. *High Noon*). Für ihre Rolle in *Das Mädchen vom Lande* (engl. *The Country Girl*, 1954) erhielt sie 1955 einen Oscar. Ein Jahr zuvor hatte ihre Zusammenarbeit mit Alfred Hitchcock begonnen, die sich über drei Filme innerhalb kurzer Zeit erstrecken sollte: *Bei Anruf Mord* (engl. *Dial M for Murder*, 1954), *Das Fenster zum Hof* (engl. *Rear Window*, 1954) und schließlich *Über den Dächern von Nizza* (engl. *To Catch a Thief*, 1955).

Dann begegnete sie Fürst Rainier III. von Monaco. Es war während der Filmfestspiele von Cannes. Als Repräsentantin der Vereinigten Staaten begleitete sie die Vorführung des Films *Ein Mädchen vom Lande*. Die französische Zeitschrift *Paris Match* organisierte ein Treffen zwischen der berühmten amerikanischen Schauspielerin und Fürst Rainier im Fürstenpalast von Monaco und berichtete darüber in einer Titelstory. Die beiden blieben in Verbindung, schrieben sich Briefe und trafen sich im Dezember 1955 in Philadelphia, wo der Fürst am ersten Weihnachtstag bei Graces Eltern um die Hand ihrer Tochter anhielt. Diese beendete ihre Beziehung zu dem Modeschöpfer Oleg Cassini, der sich gerade durch seine Entwürfe für Hollywood-Stars wie Joan Crawford, Marylin Monroe, Audrey Hepburn einen Namen gemacht hatte. In den 1960er Jahren würde er sich als offizieller Modedesigner Jacqueline Kennedys Garderobe widmen.

Am 5. Januar 1956 wurde die Verlobung von Grace Kelly und Fürst Rainier bekannt gegeben. Bevor die Hochzeit im April 1956 stattfand, drehte Grace Kelly noch zwei Filme: *Der Schwan* (engl. *The Swan*) unter der Regie von Charles Vidor und *Die oberen Zehntausend* (engl. *High Society*) mit dem Regisseur Charles Walters. Sie sei Fürstin geworden, bevor sie »viel Zeit hatte, darüber nachzudenken«, hat sie einmal gesagt und vermutlich gemeint, dass ihr die Konsequenzen dieses Rollenwechsels nicht bewusst gewesen waren – allen voran der Verzicht auf ihre Filmarbeit, den ihr Ehemann im Namen der Monegassinnen und Monegassen verlangt hatte.

Im Frühjahr 1962 bot ihr Alfred Hitchcock – mittlerweile nicht nur der Regisseur, den Gracia Patricia am meisten schätzte, sondern ein guter Freund – die Hauptrolle in seinem neuen Filmprojekt *Marnie* an. Der Film, der viele Geschichten erzählt, handelt unter anderem von einer Tochter, die vergeblich die Liebe ihrer Mutter zu gewinnen versucht und dabei nicht vor kriminellen Aktionen zurückschreckt. Verdrängung, Vergessen, Trauma sind weitere Handlungselemente sowie die Farbe Rot als Katalysator der Erinnerung. Hitchcock war sich einer Zusage sicher, sowohl wegen des Themas, das Gracia interessieren dürfte, als auch wegen ihrer persönlichen Situation. Mittlerweile würde sie sich mit ihrer Position arrangiert haben und einen Weg finden, die Rolle der Fürstin mit der der Schauspielerin zu verbinden. Und er sollte recht behalten: Nachdem sie das Treatment gelesen hatte, sagte sie sofort begeistert zu.

Am 18. März gab der Fürstenpalast von Monaco bekannt, dass die

Fürstin im Sommer mit dem von ihr hochgeschätzten Regisseur Alfred Hitchcock einen weiteren Film drehen würde. Das monegassische Volk reagierte mit Empörung. Die Verbindung Fürstin und Hollywoodstar war undenkbar. Der Druck auf Gracia Patricia wurde immer stärker und führte letztendlich dazu, dass sie ihre Zusage an Hitchcock zurücknahm. Mit den Worten: »Es hat mir schier das Herz gebrochen, den Film absagen zu müssen«, beginnt sie ihren Brief an ihren Freund ›Hitch‹. »Ich hatte mich so sehr darauf gefreut, ihn zu machen, und vor allem darauf, wieder mit Dir zusammenzuarbeiten.« Es wird berichtet, sie habe sich anschließend tagelang zurückgezogen und geweint. Ihre Zeit als Schauspielerin war »unwiderruflich vorbei«, kommentiert Thilo Wydra. Grace musste »ihren Traum beerdigen«. Sie erlebte ihre Absage als traumatische Erfahrung. »*Marnie* markiert denn auch eine tiefe Zäsur im Leben Grace Kellys«, bilanziert ihr Biograph.

Ihren Kindern, allen voran Albert, ist in Erinnerung geblieben, wie begeistert ihre Mutter von ihrer Arbeit als Schauspielerin erzählt habe. Besonderen Spaß habe ihr das Theaterspielen live vor Publikum bereitet sowie alles, was damit zusammenhing, wie Rollen lernen, einstudieren und proben. Sowohl die Regisseure als auch ihre Kolleginnen und Kollegen hätten sie zum Weitermachen ermutigt, schwärmte sie. Ihr Sohn vermutet, dass die Schauspielerei auch große Wirkung auf ihre Persönlichkeitsentwicklung gezeitigt hat. Sie habe ihr »geholfen, ihre Schüchternheit zu überwinden«.

Graces Leben war geprägt von außerordentlichen Kämpfen. Zunächst gegen das Misstrauen ihrer Familie, die ihr den Beruf einer Schauspielerin nicht zugetraut hatte – am allerwenigsten ihr Vater, dessen Anerkennung zu erlangen einer ihrer größten Wünsche gewesen, aber unerfüllt geblieben war. Einige Jahre später erfolgte dann das Verbot ihres Ehemannes – da hatte sie ihr Können längst unter Beweis gestellt und war für ihre Darstellungskunst sogar mit einem Oscar prämiert worden. Doch für das Selbstverständnis des Fürstentums war selbst eine Auszeichnung wie diese unerheblich. Höfische Etikette und

Staatsraison ließen es nicht zu, dass die Landesmutter in Hollywood als Filmstar auftrat. Zwar habe sie wenig darüber gesprochen, weil es für sie auch nach Jahren noch schmerzhaft war, so ihr Sohn, doch die Konflikte mit den Verhaltensmaßregeln des Fürstentums sollten auch das Leben ihrer Kinder bestimmen. Darin spielte der Umgang mit der permanenten Berichterstattung der Medien eine wichtige Rolle.

Das Titelbild der Zeitschrift *Paris Match* von Anfang März 1957 bildete für Carolines Beziehung zur Presse einen ebenso fulminanten wie zukunftsweisenden Auftakt: Unter der Überschrift »Taufe in Monaco« präsentierte Gracia Patricia ihre wenige Wochen alte Tochter Caroline. Umrahmt von einem Nelkenmeer, neben sich den ordengeschmückten Fürst Rainier, verkörperte sie perfekt die Rolle der jungen stolzen Mutter. Gleichzeitig war damit das enge Verhältnis der neuen Erdenbürgerin mit den Medien gesetzt.

Lange Zeit füllte Caroline die Rolle der bezaubernden jungen Prinzessin genauso souverän aus, wie ihre Mutter die schöne elegante Fürstin von Monaco spielte: Ob im Minirock der 1970er Jahre, im Abendkleid, im Brautkleid oder im Badeanzug, Caroline zog alle Blicke auf sich und hielt zugleich Distanz – sie hatte einfach Klasse. Damals war der Vorname Caroline bei den werdenden Müttern in Europa sehr beliebt. »Die Prinzessin ist so etwas wie das Wahrzeichen ihres Landes«, schwärmte der Modeschöpfer Karl Lagerfeld, mit dem Caroline eng befreundet war, »die Inkarnation einer modernen Frau. Ihre Kultur, ihr Esprit faszinieren mich. Sie ist eine freie, leidenschaftliche Frau mit vielen Talenten. Wäre sie keine Prinzessin, hätte sie in vielen Berufen Erfolg.«

Caroline hatte ihren eigenen Kopf: Nach dem Abitur ging sie nach Paris, um Philosophie zu studieren und das studentische Leben zu genießen. Bei einem Besuch ihrer Mutter sei es zu einem heftigen Streit gekommen, wird kolportiert. Als Gracia Patricia ihr eröffnete, welche Zukunftspläne sie für sie habe, sei Caroline wütend geworden: Niemals würde sie eine arrangierte Ehe eingehen, eher auf Krone und Titel verzichten. Sie verbot ihrer Mutter jegliche Einmischung und erinnerte sie daran, dass sie mittlerweile alt genug sei, um auf sich aufzupassen und für sich selbst zu entscheiden.

Ihre Eigenständigkeit stellte Caroline 1978 unter Beweis: Gegen den Willen ihrer Eltern heiratete sie den 17 Jahre älteren Geschäftsmann Philippe Junot, der in der Presse als Playboy bezeichnet wurde und den sie während ihres Studiums kennengelernt hatte. Bereits nach zwei Jahren trennte sich das Paar und ließ die Ehe annullieren.

Im September 1982 ereignete sich die Tragödie, die nicht nur Carolines Leben, sondern das ihrer gesamten Familie und des monegassischen Volkes schlagartig veränderte: Gracia Patricia starb bei einem Autounfall. Für Caroline bedeutete das katastrophale Ereignis eine Rollenerweiterung: Von einem Tag auf den anderen wurde sie als älteste Tochter zur Landesmutter. An der Seite ihres Vaters trat die 25-Jährige in die Fußstapfen ihrer verstorbenen Mutter, nahm deren Platz ein und widmete sich von nun an repräsentativen und karitativen Aufgaben.

In dieser Zeit lernte Caroline ihre große Liebe, den italienischen Geschäftsmann Stefano Casiraghi, kennen. Sie heirateten im Dezember 1983 und bekamen drei Kinder: die Söhne Andrea und Pierre und die Tochter Charlotte. Doch das Glück war nur von kurzer Dauer. Im Oktober 1990 ereilte ein weiterer Schicksalsschlag das Leben der jungen Monegassin: Stefano Casiraghi verunglückte tödlich bei einem Motorbootrennen. Die 33-jährige Witwe zog sich daraufhin mit ihren drei kleinen Kindern in ihr Landhaus in Saint-Rémy-de-Provence zurück. Dort lebten sie die kommenden Jahre fern der Öffentlichkeit. Fünf Jahre lang war der französische Filmschauspieler Vincent Lindon ihr Lebenspartner. Am 23. Januar 1999, ihrem 42. Geburtstag, heiratete Caroline ihren Jugendfreund Ernst August von Hannover. Im Juli des Jahres wurde ihre gemeinsame Tochter Alexandra geboren.

Carolines Privatleben war und ist bis heute ein beliebter Gegenstand der Berichterstattung der internationalen Boulevardpresse.

Selbst während der Jahre der Zurückgezogenheit war Caroline im Fokus der Öffentlichkeit geblieben. Doch von der Art der Darstellung hatte sie sich zunehmend verletzt gefühlt, so dass sie Mitte der 1990er Jahre begann, vehement dagegen vorzugehen. Mit Hilfe ihrer Anwälte klagte sie gegen die Publikation von Paparazzi-Fotos aus ihrem Privatleben und erzielte spektakuläre Erfolge, die unter dem Namen Caroline-Urteile in die Rechtsgeschichte eingingen. Dazu gehörte das Urteil des Hamburger Oberlandesgerichts gegen den Burda-Verlag, der ein angebliches Interview mit ihr veröffentlicht hatte, das frei erfunden war. Die Zahlung von 180 000 Mark war die bis dahin höchste Schmerzensgeldsumme in der Geschichte der deutschen Presse.

Caroline forderte ein Umdenken bezüglich des Rechts auf Privatheit, was die sogenannten Personen der Zeitgeschichte betraf. Es kam zu zahlreichen Prozessen, von denen sich einige durch alle Instanzen bis hin zum Europäischen Gerichtshof für Menschenrechte zogen. Dort wurde 2003 ein Urteil gefällt, das für die Boulevardpresse erhebliche Einschränkungen in der Berichterstattung bedeutete. Zudem leitete sich daraus ein Schadenersatzanspruch gegen die Bundesrepublik Deutschland ab, weil die deutschen Gerichte Carolines Persönlichkeitsrechte nicht ausreichend geschützt hatten. Die liebenswürdige Prinzessin hatte der Öffentlichkeit eine weitere Facette ihrer Persönlichkeit präsentiert: die streitbare Frau, die sich zu wehren weiß.

Als streitbar und aufmüpfig galt bis dahin vor allem Carolines jüngere Schwester Stéphanie. Sie wuchs in Monaco auf, begann nach dem Abitur eine Ausbildung zur Modedesignerin, brach diese ab und arbeitete als Assistentin bei Dior und als Fotomodell. Die Medien bezeichneten sie als das »Aufregendste« und »Interessanteste«, was die Monarchien in den letzten Jahrzehnten hervorgebracht hätten, und feierten sie als »umjubelte Skandalprinzessin«. Dazu trugen ihre Beziehungen mit den Söhnen berühmter Schauspieler, Anthony Delon und Paul Belmondo, bei. Mit letzterem wollte sie sogar eine Renn-

fahrerschule besuchen, wie sie ihren Eltern im September 1982 eröffnete – am Wochenende vor dem Unfall, der ihre Mutter das Leben
kostete.

Im Juli 1995 heiratete Stéphanie ihren Leibwächter Daniel Ducruet
und bekam zwei Kinder, Louis und Pauline. Im Oktober 1996 ließ sich
das Paar scheiden. Zwei Jahre später brachte Stéphanie ihre Tochter
Camille zur Welt. Deren Vater ist der Leibwächter Jean-Raymond
Gottlieb. Die nachfolgenden Beziehungen, darunter die Ehe mit dem
Artisten Adans Lopez Peres, waren nur von kurzer Dauer.

1986 hatte Stéphanie zudem eine Karriere als Sängerin gestartet.
Ihr Debütalbum *Besoin* war auf Anhieb von Erfolg gekrönt und er-
reichte die internationalen Top 10, genau wie die Single-Auskopplung
»Ouragan« und deren englische Version »Irresistible«. In Frankreich
war der Song 29 Wochen ganz oben in den Charts, in Deutschland 18
Wochen lang. Großen Anklang fand auch der dazu produzierte Video-
Clip, der Stéphanie in verschiedenen Rollen zeigt, darunter eine hin-
reißende Marilyn-Monroe-Parodie.

Mit ihrem 1991 erschienenen zweiten Album *Stéphanie* konnte sie
nicht an den Erfolg des ersten anknüpfen. Doch das hinderte den
›King of Pop‹ Michael Jackson nicht daran, sie einzuladen, bei seinem
Song »In the Closet« mitzuwirken, der auf dem Album *Dangerous* erschien.

Bis heute ist das Interesse an Stéphanies Aufnahmen aus den
1980er Jahren groß. 1993 und 1999 wurde das Debütalbum *Besoin* jeweils mit neuem Cover wieder aufgelegt. 2011 erschien *Référence 80*,
eine Sammlung von Stéphanies erfolgreichsten Songs in seltenen Sing-
le- und Maxi-Versionen. 2018 und 2020 wurden weitere Kompilatio-
nen veröffentlicht.

Wie Stéphanies Familie auf ihren Ausflug in die Pop-Musikszene
reagiert hat, ist nicht bekannt. Gegen massive Widerstände bis hin
zum Verbot, wie es ihre Mutter erlebt hat, musste sie nicht kämpfen.
Die Zeiten hatten sich geändert. Vielleicht war Gleichgültigkeit die ex-

tremste Reaktion, die sie erfahren musste – und gerade diese kann besonders schmerzhaft und verletzend sein.

In Hinblick auf ihre künstlerischen Ambitionen hätte Stéphanie das Verständnis, die Solidarität und den Beistand Gracia Patricias gut gebrauchen können. Und auch bei ihren privaten Liebesentscheidungen hätte ihr ihre Mutter sicher eine Stütze sein können. Doch die Beziehung zu ihr fand am 13. September 1982 ein jähes Ende, als die beiden auf der Heimfahrt von ihrem Landsitz Roc Agel nach Monaco in einer Haarnadelkurve 40 Meter in die Tiefe stürzten. Die 52-jährige Fürstin Gracia Patricia starb am nächsten Tag im Hopital Princesse Grace, ihre 17-jährige Tochter Stéphanie überlebte den Unfall schwer verletzt. Anfangs hatte man ihr den Tod der Mutter verheimlicht, um ihre Genesung nicht zu gefährden. Die Öffentlichkeit hatte bereits am späten Abend des 14. September vom Tod Gracia Patricias erfahren. ❖

Eva-Maria, Nina und Cosma Shiva Hagen

❖ Im Dezember 2021 war ein Lied aus dem Jahr 1974 plötzlich wieder in aller Munde: »Du hast den Farbfilm vergessen«. Mit ihm hatte Nina Hagen in der DDR ihren größten Erfolg gefeiert. Sie war damals 19 Jahre alt gewesen. Nun, knapp 50 Jahre später, sorgte sie mit ihrem Hit noch einmal für Unruhe: Die aus dem Amt scheidende Bundeskanzlerin Angela Merkel wünschte sich den Song zum Großen Zapfenstreich, der ihr zu Ehren veranstaltet wurde. Anders als bei den anderen beiden Musikstücken, die auf ihrer Wunschliste zur festlichen Abschiedszeremonie standen, waren von diesem keine Noten vorhanden – zum Leidwesen des Bundeswehr-Orchesters. Innerhalb kurzer Zeit musste ein Arrangement für Blasorchester erstellt werden.

Die Wahl der Kanzlerin löste allgemeines Erstaunen aus. Angela Merkel erklärte bei einer Pressekonferenz, das Lied sei »ein Highlight« ihrer Jugend gewesen, die »bekanntermaßen in der DDR stattgefunden« habe. Außerdem werde darin die Region erwähnt, in der sich auch ihr ehemaliger Wahlkreis befinde. »Insofern passt alles zusammen.«

Nina Hagen wurde vom Musikwunsch der Kanzlerin genauso überrascht wie alle anderen. In ihrer Autobiographie *Bekenntnisse* aus dem Jahr 2010 hat sie sich detailliert zu der sogenannten ›Nationalhymne einer ganzen Generation‹ geäußert. Sie stellt die Vermutung auf, dass man wie sie in der DDR geboren sein müsse, »um die Anspielungen und manchmal recht derben Bezüge zu verstehen«. Und die Ironie! In dem Lied wirft eine junge Frau ihrem Freund vor, ihr den Urlaub in Hiddensee verdorben zu haben, weil er keinen Farbfilm mitgenommen habe: »Nun glaubt uns kein Mensch, wie schön's hier war.« Im Vordergrund steht die »irre Sehnsucht«, der »Schwarzweißwelt«, dem »giftigen Grau von Bitterfeld und der Tristesse von Leipzig« durch kleine Fluchten zu entkommen: »ans Meer, an die endlosen Sandstände der Ostsee – Rügen, Usedom, Hiddensee –, Fluchten ins private Glück, in ein bisschen erotische Freiheit, die zum Guckloch des Paradieses werden.« Diese Fluchten finden in Farbe statt und sollen daher auch auf Farbfotos festgehalten werden. Doch die Mangelwirtschaft verhindert die Konservierung des Glücks fürs Fotoalbum, indem sie »Jahr für Jahr zu wenig Farbfilme hervorbringt«. Nina Hagen verstand ihr Lied in erster Linie als ironisches Statement zum Alltag in der DDR, die sie zwei Jahre später verlassen sollte. Ein Jahr später, 1977, würde auch ihre Mutter, die Schauspielerin und Sängerin Eva-Maria Hagen, ausgebürgert werden.

Eva-Maria Hagen kam am 19. Oktober 1934 als Eva-Maria Buchholz im pommerschen Költschen (Kiełczyn, heute Polen) zur Welt und wuchs im benachbarten Kremlin (Krzemlin) auf. Ihre Eltern waren Landarbeiter. Nach dem Zweiten Weltkrieg wurde die Familie gemäß der neuen Grenzziehungen durch die Siegermächte vertrieben. Sie zog nach Perleberg in der Prignitz in Brandenburg. In ihrem im Jahr 2000 veröffentlichten Buch *Evas schöne neue Welt*, dem zweiten Band ihrer Autobiographie, schwärmt Eva-Maria Hagen von ihrer Kindheit in Pommern und verwahrt sich gegen falsche Darstellungen: »Wurde da was zusammengewebt von meiner angeblich trostlosen Jugend, damit der Gegensatz da ist zur DDR, nämlich was in dem System ein Arbeiterkind werden kann: Filmstar sogar.« Ihre Kindheit in Pommern sei nämlich traumhaft gewesen. Oft verspürte sie Sehnsucht »nach dem Wasser, den Gerüchen, Märchen und Sagen«.

Sie begann eine Lehre zur Maschinenschlosserin in einem Reichsbahnausbesserungswerk und ging 1952 nach Ostberlin, um ein Schauspielstudium zu absolvieren. Bereits 1953 stand sie unter der Regie von Bertolt Brecht in Erwin Strittmatters Stück *Katzgraben* auf der Bühne des Berliner Ensembles.

Im Mai 1954 heiratete sie den Schriftsteller Hans Oliva-Hagen, den sie im Presse-Café in der Friedrichstraße kennengelernt hatte. »Wir haben uns in die Augen geschaut und waren verliebt«, schwärmt sie in ihrem Buch *Eva Jenseits vom Paradies* – Teil 3 ihrer Memoiren, der 2005 erschien. Wirklich erobert habe er sie dann mit seinen Liebeserklärungen in Versform: »Alle Uhren stehen still, muss ich auf Dich warten. Und ich weiß schon, was ich will: Deinen Mund, den zarten …«

Am 11. März 1955 kam die Tochter Catharina Nina zur Welt. Die Geburt sei »alles andere als ein Spaziergang« gewesen, berichtet Nina Hagen in ihrer Autobiographie. Ihre Mutter habe ihr erzählt, sie sei sich während der Entbindung sicher gewesen: »Einer von uns beiden überlebt die Prozedur nicht, vielleicht keiner. So eine Viecherei war das.« Doch als das Baby »ausgeschlüpft war, war die Erde das Paradies«. Dabei spielte es keine Rolle, dass sie sich eigentlich einen Jungen gewünscht hatte.

Eva-Maria Hagen schreibt über die Geburt: »Ein alle Fasern des Bewusstseins durchdringendes und die Seele erschütterndes Ankunftsgeschrei ertönte, das neue Leben war auf der Welt.« Aller Schmerz sei »davongeweht, wie der Winter vom Hauch des anbrechenden Frühlings.« Alles sei in Ordnung gewesen: das Kind 55 Zentimeter groß und 3970 Gramm schwer. Sie selbst habe allerdings Blessuren davongetragen: Ihr Gesicht, ihr Hals, ihre Schultern, ihre Brüste seien vor lauter Blutergüssen unter der Haut gesprenkelt gewesen, weil sie so stark gepresst hatte.

Die junge Mutter dachte nicht daran, ihr Schauspielstudium aufzugeben. »Obwohl ich glücklich war, überfiel mich Sehnsucht nach dem Theater«, gibt sie zu. »Ich konnte mich nicht damit abfinden, diesen Wunsch zu begraben.« Ihr Ehemann hatte gehofft, die Schauspielerei wäre für seine Frau bloß ein Teenager-Traum, der nun angesichts der Aufgabe, ein Kind großzuziehen, allmählich verschwinden würde. Als er erfuhr, dass Eva-Maria weiterhin ihre Berufspläne verfolgte, geriet er in Unruhe. Dabei hatte ihre Entscheidung für die Schauspielerei nichts mit mangelnder Liebe zu tun. »Ja, ich liebte mein Kind über alles«, so Eva-Maria Hagen. Doch sie wäre unglücklich geworden, wenn sie ihren Lebenstraum, Schauspielerin zu werden, hätte aufgeben müssen, »und das hätte sich auf das heranwachsende Wesen womöglich übertragen«.

Nina Hagen erinnert sich an die unterschiedliche Entwicklung ihrer Eltern: »Während mein unangepasster, intellektueller Papi mehr und mehr eingesperrt und abgeschnitten wurde vom kulturellen Leben der Stadt, eilte meine Mutter von Erfolg zu Erfolg.« An das »Klacken der Tür, wenn sie spätabends nach Hause kam«, könne sie sich noch genau erinnern.

Eva-Maria Hagens Filmkarriere begann 1957 mit dem Film *Vergesst mir meine Traudel nicht*. Sie war aus einem Dutzend Bewerberinnen ausgewählt worden. »Ich bekam einen Vertrag über 50 Drehtage, der am 1. April 1957 begann und es war kein Aprilscherz. Die Gage war 10 Tausend Mark.« Bis 1965 wirkte sie in zahlreichen Kino- und Fernsehfilmen mit und wurde bald zur ›Brigitte Bardot der DDR‹. Obwohl ursprünglich dunkelhaarig, wurde sie zusehends zu einer »blonden Sexbombe«.

Nina Hagen charakterisiert ihre Mutter als voller Lebensfreude, doch gleichzeitig rational und zielstrebig. Stück für Stück habe sie sich »eine Welt aus Büchern, Kunst, Antiquitäten und Beziehungen« geschaffen, in der alles »seinen Platz und seine Bestimmung hatte«. Sie selbst, »der süße Fratz, die Puppe, das goldige Kind« sei eine Art Einrichtungsstück darin gewesen. »Mutter hat mich als ihre Hervorbringung, ihre Kreation, ihr Produkt betrachtet.« Sie selbst habe das wie selbstverständlich hingenommen, bis sie ein erster größerer Schock ereilte: Plötzlich wollte die Mutter in der Öffentlichkeit nicht mehr »Mami«, sondern »Eva« genannt werden. Das sei für sie schwer zu verstehen gewesen und habe sie traurig und wütend gemacht. »Warum darf ich sie denn nicht mehr ›Mami‹ nennen? Sie ist doch meine ›Mami‹!?! Meine geliebte süße Mami! Oder etwa nicht?!?« Doch sie habe dem Wunsch der Mutter entsprochen und sie schließlich sogar zu Hause »Eva« genannt. Bis zum Schluss habe sie den Eindruck gehabt, dass ihre Mutter die Anrede »Mami« nicht gemocht habe: »Es fühlt sich wie ein Übergriff an, wenn ich sie Mami nenne.«

Das Verhältnis zu ihrer Mutter charakterisiert Nina als ein Schwanken zwischen »Sehnsucht und Irritation«. Es gab Glücksmomente, »wenn zum Beispiel die Schlafzimmertür am Morgen einmal offen für mich war«. Die Mutter war dann irgendwann nach Hause gekommen und lag nun nach »einem anstrengenden Nachtdreh oder einer wild durchtanzten Ballnacht« erschöpft in ihrem Bett. »Das war meine Stunde«, freute sich Nina, denn sie wusste, womit sie ihrer Mami eine Freude bereiten konnte. Sie lief in die Küche und kochte ihr Haferflockensuppe. »Wie ein kleiner Engel servierte ich ihr den dampfenden Suppenteller ans Bett.« Die Mutter sei gerührt gewesen und habe sie umarmt und geküsst. Manchmal sei sie heimlich zu ihrer Mami ins Bett gekrabbelt und habe sich fest an die Schlafende gekuschelt und ihre ›Nestwärme‹ eingeatmet.

Als Eva-Maria ihr 1959 eröffnete, dass ihr Vater ausgezogen sei und sie in Zukunft allein mit ihr leben würde, war das für die vierjährige Nina ein zweiter großer Schock. Sie hatte zwar die ständigen lautstarken Streitigkeiten der Eltern miterlebt, aber an eine Trennung nicht gedacht. Noch im selben Jahr wurde die Ehe geschieden.

Eva-Maria schildert in *Eva und der Wolf*, dem ersten Teil ihrer Erinnerungen aus dem Jahr 1998, wie das Zusammenleben mit Hans Hagen immer unerträglicher geworden war. Als sie sich kennengelernt hatten, hatte er schon viel Leid erfahren. Bereits mit 15 war er politisch aktiv geworden und 1937 nach Spanien gereist, um mit den Internationalen Brigaden gegen Franco zu kämpfen. Er war jedoch abgelehnt und zurückgeschickt geworden, weil er zu jung gewesen war. Mit 19 war er wegen einer illegalen Flugblatt-Aktion gegen das NS-Regime ins Gefängnis in Moabit gekommen. Erst 1945 wurde er freigelassen. Sein Vater war im KZ Sachsenhausen ermordet worden.

Er sei psychisch angeschlagen gewesen, so Eva-Maria, habe sich nicht unter Kontrolle gehabt, sondern die ›Prügelstrafe‹ eingeführt. Mal habe er ihr versprochen, Freund und treusorgender Vater zu sein, habe sie mit Westgeld überschüttet und Brillanten als Köder verwendet, dann wieder habe er sich selbst erniedrigt und wollte mit Füßen getreten werden – »ein Wurm sein, Knecht, ich seine Königin – die aber zur Hure wird, taucht ein Nebenbuhler auf am Horizont«. Othello sei gegen ihn ein Waisenknabe gewesen.

In der Neujahrsnacht 1962/63 lernte Eva-Maria Hagen im Künstler-Club ›Die Möwe‹ den Dramatiker Peter Hacks kennen. Sie ging mit ihm eine kurze intensive Liebesbeziehung ein, die literarische Kleinode hervorbrachte. Fünfzig Jahre später würde sie die Briefe, Gedichte, Bilder und Fotos als Buch unter dem Titel *Liaison amoureuse* herausgeben. In einem der Gedichte heißt es: »Sie warn füreinander geboren, sie warn füreinander gemacht«, und der letzte Satz lautet: »Man sagt, dass sie zusammen sehr glücklich gewesen sind.«

Auch wenn es ihrer Mutter nicht gefiel, besuchte Nina ihren Vater so oft wie nur möglich. Dabei entging ihr nicht, dass er, den sie sehr liebte, tablettenabhängig war. Obwohl sie es sich oft wünschte – vor allem dann, wenn die Streitigkeiten mit ihrer Mutter eskalierten und es zu Handgreiflichkeiten kam –, durfte sie nicht zu ihm ziehen, denn »das Jugendamt hätte mich nicht zu einem schlaftablettenabhängigen, an der Armutsgrenze lebenden, partei-ungetreuen Vater gelassen!«

Später sollte Eva-Maria Hagen erfahren, dass ihr geschiedener Mann sie bei der Stasi angeschwärzt hatte, um das Sorgerecht für Nina zu erhalten. »Obwohl das Kind die Mutter liebt und nach Wärme bei ihr sucht, wurde sie gröblichst vernachlässigt«, heißt es in seinem Bericht. »Zu einem Zeitpunkt, da ich meine Gesundheit und Arbeitskraft wieder voll zurückgewonnen habe, werde ich sicher eine andere Lösung finden, als das Internat.« Er wollte, dass seine Tochter »liebevoll und vom pädagogischen Standpunkt aus, so gut wie nur irgend möglich behandelt« würde. Das sei bei seiner ehemaligen Ehefrau nicht der Fall. Besonders deren aktueller Lebensgefährte Wolf Biermann würde das verhindern. Die politischen Ansichten seiner Tochter würden »immer konfuser«. »Direkte und indirekte Lieder und Gedichte gegen die Staatsmacht der DDR entstanden damals und Biermann sang sie in Gegenwart meiner Tochter in der Wohnung.« Das Sorgerecht bekam er trotzdem nicht.

1965 hatte die Liebesbeziehung zwischen Eva-Maria Hagen und dem Liedermacher Wolf Biermann begonnen. Kurze Zeit später hatte er Auftritts- und Publikationsverbot erhalten. Nina war von ihm fasziniert und nannte ihn einen »wilden, dem Leben stets zugetanen Rebell, der ständig mit dem Feuer spielte und dem nichts heilig war«. In ihren *Bekenntnissen* heißt es, er sei »der erste Erwachsene, der sie nicht wie ein Kind behandelte«, während sie jedoch in einem Interview mit Alice Schwarzer 1979 behauptete, er habe sie immer nur als Kind behandelt. So oder so, sie erklärte ihn zu ihrem Ersatzvater. Aber es funktionierte nicht. Stattdessen wurde er ihr väterlicher Freund und musikalischer Lehrer. Schon mit neun hatte sie sich selbst das Gitarrespielen beigebracht. Nun sang sie »coole Biermann-Lieder in cooler Biermann-Art«, was ihm sehr gefiel. Er machte sie mit dem Gitarrenstil von Bob Dylan, den Friedenssongs von Joan Baez bekannt und ermutigte sie, eigene Lieder zu schreiben. Dabei führte er ihr vor, wie sich alltägliche

Geschehnisse und Beobachtungen in Kunst verwandeln ließen, was sie stark beeindruckte.

Durch Radio Bremens Kultsendung *Beat Club* lernte Nina Hagen die amerikanische Musikszene mit ihren »krassen Typen« kennen: »ekstatische, langmähnige Gitarristen, halbnackte, schwitzende Drummer, wildgewordene Maniacs, kalifornische Flowerpowergirls & boys!« Ein »ostdeutsches Äquivalent« zu den »Beatniks aus dem Westen« musste unbedingt kreiert werden. »Das war 1968. Ich war ganze 13 Jahre alt und fühlte mich erwachsen«, erinnert sie sich.

Zu dieser Zeit traf sie ihre erste große Liebe: Thomas Fuhrmeister. Er war fünf Jahre älter als sie und ihr »einziges Glück« und »größtes Unglück«, weil er ihr »die Liebe und den Sex zeigte« und sie anschließend verließ. Sie war so verzweifelt, dass sie versuchte, sich die Pulsadern aufzuschneiden. Die Verletzungen, die sie sich dabei zuzog, taten zwar höllisch weh, verfehlten aber ihr Ziel. Die Reaktion ihrer Mutter bestand aus »ein paar blöden Bemerkungen« über die »amateurhafte Aktion« und der Frage, ob sie ihr denn »gleich alles nachmachen müsse«. Damit spielte sie auf ihren eigenen Selbstmordversuch ein Jahr zuvor an. Nina fühlte sich unverstanden, ihr war nicht zum Lachen zumute.

Zwei Jahre und unzählige Streitereien zwischen Mutter und Tochter später wurde Nina von ihrer Mutter aus der Wohnung geworfen, so dass es für sie von einem Tag auf den anderen Tag »kein Nest mehr« gab. Sie redete sich ein, dass ihr der Rausschmiss guttun, ihr zu Freiheit und einem eigenen Leben verhelfen würde. »Ick durfte endlich – mit ihrer Erlaubnis – all by myself in einer eigenen Bude leben. Hurra! Endlich frei!« In einem Brief an Wolf Biermann vom Spätsommer 1971 schreibt Eva-Maria Hagen, dass sie das folgenschwere Zerwürfnis mit Nina bedrücke, doch es letztendlich seine Schuld sei, dass es so weit gekommen war: »Dass ich so aus'm Rahmen fiel, war die Folge Deiner suggestiven Beeinflussung, nämlich endlich die Nabelschnur durchzuschneiden. Du siehst, wie schmerzhaft solche Gewaltakte sind.«

Durch die Nähe zu Wolf Biermann gerieten Eva-Maria und Nina Hagen ins Visier der Stasi, was schwerwiegende Folgen hatte, wie Biermann berichtet: »Eva war eine Art sozialistisch gereinigte Marylin Monroe.« Sie sei den Arbeitern und Bauern als »fortschrittliche Sexbombe der DEFA« präsentiert worden. Doch dann sei sie mit ihm, dem Staatsfeind Biermann, eine ›Liaison dangereuse‹ eingegangen und habe sich weder von Drohungen einschüchtern noch von Karriereangeboten bestechen lassen. Sie stand zu ihrer Liebe.

Eva-Maria Hagen bestätigt, dass sie »fast über sieben Jahre« keine ernsthaften Film- und Fernsehangebote erhalten hätte. Mehrfach sei sogar versucht worden, ihren Vertrag zu lösen. »Da man aber den Vorwurf der Sippenhaft scheute, ließ man mich auf Sparflamme weiterarbeiten, das Fernsehen bezahlte jahrelang meine Gage dafür, dass ich nicht spielte.« Sie »unterwanderte die halboffiziellen Verbote«, trat an vielen Theatern auf, darunter zehn Jahre in Dessau als Eliza in dem Musical *My Fair Lady*, und ging mit ihrer Gitarre auf Tournee. Ihr Repertoire bestand neben klassischen Chansons und Brecht-Songs vor allem aus Liedern, die Wolf Biermann für sie verfasste und arrangierte: »Ich schrieb einen ganzen Sack voll Lieder und Balladen für eine ganz bestimmte Frau, für Eva-Maria Hagen, die ewige Mutter der ewigen Nina.«

Nina verweigerte man ohne Begründung den Besuch der Schauspielschule. Aufgenommen wurde sie 1972 ins ›Zentrale Studio für Unterhaltungskunst‹, wo sie eine Musikausbildung absolvierte und eine offizielle Spielerlaubnis erhielt. »Damit war ich voll auf dem Weg zur staatskonformen Schlagernutte und musste mich mit einer Musik befassen, bei der mir die Kotze hochstieg«, schimpft sie in ihrer Autobiographie. Schon damals habe sie in ihrem Tagebuch notiert, das Schlagersingen sei das »Unehrlichste, Verdummendste, was es gibt«. Doch ihr gelang es schon früh, das Beste aus diesem Genre zu machen, was ein Musikkritiker in der Zeitung *Neues Deutschland* auf den Punkt bringt: »Ihr angejazzter Gesangsstil, ihr sicheres Gefühl für schauspielerische Effekte und ihr Talent für Komik gaben ihren Darbietungen eine Farbe, wie sie uns bisher gefehlt hat.«

Das erkannte auch Michael Heubach, der Bandleader der Gruppe Automobil. Er hatte es sich zum Ziel gesetzt, westliche Rockmusik in die DDR zu bringen, und engagierte Nina als Frontfrau. Ihr Hit »Du hast den Farbfilm vergessen« bedeutete für sie 1974 den Durchbruch. Doch der kommerzielle Erfolg reichte Nina nicht, sie wollte sich vor allem künstlerisch weiterentwickeln – und das war in der DDR, in der sie ständig mit Zensur konfrontiert war, nicht möglich.

1976 wurde Wolf Biermann aus der DDR ausgebürgert. Nach seinem Konzert am 13. November in der Kölner Sporthalle verweigerte man ihm die Rückkehr nach Ostberlin. Mit Eva-Maria Hagen lebte er zu diesem Zeitpunkt schon nicht mehr zusammen. Das Paar hatte sich 1972 getrennt. Nina und Eva-Maria Hagen solidarisierten sich mit Biermann und stellten nach seinem Rauswurf Ausbürgerungsanträge. Nina verließ die DDR im Dezember 1976, Eva-Maria folgte 1977.

Für Nina begann eine Phase des musikalischen Experimentierens, die sie unter anderem in die Londoner Punkszene führte. Punk war für sie ein Lebensgefühl und eine Lebenshaltung. Ihr gefiel das »offensive Nichtverstandensein«, das die Punks mit ihrem Outfit, ihrer Musik und ihrem Verhalten demonstrierten. »Punk war ein Aufschrei nach Veränderung und eine echte Jugendbewegung, in der es Ideale gab, klare politische Überzeugungen, ganz viel Liebe, Solidarität und eine tierisch gute Wärme«, schwärmt sie in ihren *Bekenntnissen*. Punk richtete sich sowohl gegen die »angepassten, aber desorientierten Eltern, von denen sich im Osten viele mit der Bonzokratie arrangierten«, als auch an die Eltern, die im »Westen dem Materialismus und Konsumismus verfielen«. Letztendlich sei sie schon in der DDR ein Punk gewesen, als sie das Wort noch gar nicht gekannt habe: »ein Hippie-Punk! Jawoll! Ständig waren meine Haare zerschnippelt.« Punk habe es auch in der DDR gegeben, zwar nicht dem Namen, aber der Sache nach. Dass sie später einmal als deutsche ›Godmother of Punk‹ bezeichnet werden würde, konnte sie damals noch nicht ahnen.

Zurück aus London startete Nina, zunächst mit der Nina Hagen Band, eine steile Musikkarriere und ging in die USA. »Tourneen führten mich um die halbe Welt. Alles rief think big, Nina! Und so sortierte ich mich neu.« Am 17. Mai 1981 brachte Nina in Los Angeles ihr erstes Kind zur Welt, eine Tochter, die sie Cosma Shiva nannte, da sie sich inzwischen stark zum Hinduismus hingezogen fühlte. Der Vater, Ferdinand Karmelk, Gitarrist der Band Herman Brood & His Wild Romance, war heroinsüchtig und würde 1988 an AIDS sterben.

In einem langen Brief von »Nina und Cosma«, der an ihre »geliebte Mama« sowie eine Reihe guter Freundinnen und Freunde adressiert ist und später von Nina veröffentlicht wurde, schildert Nina die Geburt als extrem anstrengendes Ereignis: »Mann, ick hab dann aber gedrückt, und draußen war sie. ›Ein Mädchen!!!‹ Icke: ›Ja? Isses schwarz oder weiß???‹ Da ham sie sie mir aufn Bauch gelegt.« Für sie sei die Geburt eines Kindes »ein kosmisches Ereignis« und »eine Einweihung in das Mysterium des Lebens« gewesen. Sie habe das Kind sofort geliebt und zu ihm gesagt: »Jetzt bin ich dein, und du bist mein. Und: Entschuldige das Steckenbleiben!« Schon während der Schwangerschaft habe sie sich mit allem verbunden gefühlt und erkannt: »Eine Frau, die ein Kind gebiert, wird selbst noch einmal geboren.«

»An alle meine Kinder« ist der Titel eines Kapitels in Nina Hagens Buch *Ich bin ein Berliner. Mein sinnliches und übersinnliches Leben*, das sie 1988 veröffentlichte. Es enthält eine Liebeserklärung an ihre Tochter, das »Engelswesen«, »die kleine, ewig gut gelaunte Cosma!« Immer habe sie »'ne tolle Story auf den Lippen« gehabt und sie damit zum Lachen gebracht. »Eine irre Energie!«

Anfangs stellten viele in Frage, dass Nina eine gute Mutter sein würde. Es gab einen Bericht in einer Illustrierten, in der behauptet wurde, Cosmas Kinderzimmer habe sich in einem chaotischen Zustand befunden. Dagegen verwahrte sich Nina entschieden. Zwar seien Decken und Spielsachen auf dem Boden ausgebreitet gewesen, aber »das hatte alles seine wunderschöne Ordnung, sah bloß nicht aus wie bei Hinz und Kunz im Wohnzimmer oder im sterilen Kinderzimmer«. Doch es kam noch ärger: Die Journalistin des Artikels behauptete, Cosma, das arme Kind, hätte man »vollgedröhnt mit lauter Punkmusik« – dabei hatte Cosma bloß einen Kopfhörer aufgehabt und Musik gehört, die ihr gefallen hatte. Auch einige Bekannte konnten sich nicht vorstellen, dass Nina genügend Zeit für ihre Tochter hätte. Gegen diesen Vorwurf protestierte sie heftig: »Guckt euch doch mein Kind an, dann werdet ihr sehen, dass es eine schöne Kindheit hatte.«

1990 kam Sohn Otis, Nina Hagens zweites Kind, in Ibiza zur Welt. Sein Vater: der französische Visagist Franck Chevalier. Neben den Vätern ihrer beiden Kinder sollte Nina Hagen noch zahlreiche andere Liebesbeziehungen eingehen, darunter mehrere Ehen, die alle geschieden würden.

Cosma Shiva Hagen bildet in mancher Hinsicht den Gegenpart zu ihrer exzentrischen Mutter, die sie als gute Freundin bezeichnet. Sie selbst möchte so wenig auffallen wie möglich und meidet daher die Großereignisse der Filmwelt, der sie sich nicht zugehörig fühlt. Kein Problem habe sie, sich in verschiedenen Kontexten zu behaupten, weil sie mit vollkommen unterschiedlichen Einflüssen aufgewachsen sei: »Deshalb kann ich mich sowohl auf dem Bauwagenplatz unter Punks als auch auf einem Opernball relativ unauffällig bewegen.«

Es sei ihr immer wichtig gewesen, »etwas Eigenes aufzubauen, was nichts mit der Schauspielerei und nichts mit dem prominenten Namen zu tun hat«, heißt es in einem *Planet*-Interview. Daher engagiere sie sich für viele Dinge, die nicht in der Öffentlichkeit stattfänden: »Ich arbeite zum Beispiel mit einem Künstlerkollektiv zusammen, aber dort wollen wir gar nicht, dass das groß in der Presse ist, damit es um die Sache und nicht um den Namen geht.«

Als Tochter einer berühmten Mutter werde man schnell von den

Medien ausgeschlachtet, erklärte sie 2018 in einem Interview in der *Westdeutschen Zeitung.* »Wer will schon über Nacht berühmt werden, wenn man Kind ist und noch nicht weiß, welchen Beruf man ergreifen will? Ich war und bin viel zu sensibel und möchte eigentlich gar keine Person des öffentlichen Lebens sein.« Als Kind hätte sie manchmal gerne einen anderen Namen gehabt, um zu vermeiden, dass gewisse Erwartungen an sie gestellt würden.

Einige Jahre lang war der Tourbus ihr Zuhause. »Wir hatten so ein Nomadennest im Tourbus, zwischen Punks und allen möglichen Leuten.« Schon früh habe sie versucht, sich mit »Spießigkeit und Sauberkeit« vom Verhalten ihrer Mutter abzuheben. Ihre Rebellion habe darin bestanden, die Küche zu putzen, damit es so aussah wie bei ihren Freunden. Die Stationen ihrer Kindheit waren Los Angeles, Paris, London, Amsterdam, Ibiza, Jamaika, bis sie genug hatte vom Unterwegssein und mit 13 zu ihrer Großmutter Eva-Maria nach Hamburg zog.

Ihr Schauspieldebüt feierte Cosma Shiva Hagen 1996 als Junkie in dem Film *Crash Kids.* Einem größeren Publikum bekannt wurde sie mit dem Film *Das merkwürdige Verhalten geschlechtsreifer Großstädter zur Paarungszeit* (1998). Zahlreiche Fernsehrollen folgten.

Als konsequente Umweltschützerin lebt Cosma Shiva Hagen seit 2020 in einem Tiny House, um Nachhaltigkeit praktisch umzusetzen, was für sie ein Geben und Nehmen bedeutet: »Ein Kreislauf, der repariert und zurückgibt, statt zu zerstören und auszubeuten.«

Ihre Mutter Nina engagiert sich in den Bereichen Musik, Spiritualität und Politik. Sie verstehe sich als politischer Mensch, der »seit Jahrzehnten gegen AKWS, gegen Atombombentests, gegen den verbrecherischen Einsatz von Depleted-Uranium-Munition und überhaupt gegen die atomare (Selbst)Zerstörung der Erde« ankämpft, wie Nina in ihrer Autobiographie schreibt. In Interviews und Talkshows scheut sie nicht die Konfrontation, sondern sorgt mit provokativen Äußerungen und Handlungen für Aufregung.

Die Spiritualität und Fragen nach der Existenz Gottes, die sie sich bereits im Alter von zwölf Jahren erstmals gestellt hatte, waren in den späten 1980er Jahren zentrale Themen für Nina Hagen geworden. Die Suche nach dem Punkt, an dem »Hinduismus, Buddhismus und Christentum zusammenfließen«, einer »Religion hinter der Religion«, hatte sie einige Male nach Indien geführt, bis sie sich schließlich entschied, in die evangelisch-reformierte Kirche einzutreten und sich 2009 von dem »Friedenspastor« Karl-Wilhelm ter Horst, den sie auf einer Friedensdemonstration kennengelernt hatte, taufen zu lassen.

Im Dezember 2022 veröffentlichte Nina Hagen nach zwölf Jahren wieder ein Album: *Unity*. Die Bandbreite der Songs darauf ist groß und reicht von schonungsloser Kapitalismuskritik bis hin zu christlichen Erlösungsversprechen. Ihre Musikstücke haben Titel wie »United Women Of The World«, »Venusfliegenfalle«, »Atomwaffensperrvertrag«, »Geld, Geld, Geld« und werden ergänzt durch einige Coversongs, darunter die deutsche Fassung von Bob Dylans berühmtem »Blowin'In The Wind« – »Die Antwort weiß ganz allein der Wind«. Er gehört auf Nina Hagens »Wunschliste an Songs«, von denen sie hofft, dass »so viele Menschen wie möglich mitlernen und mitsingen, weil das einfach Songs der Hoffnung sind«.

Eva-Maria Hagen war in ihrer politischen Haltung ebenso konsequent wie ihre Tochter. Ihren großen Filmerfolgen in der DDR trauerte sie nicht nach, sondern fing im Westen von vorne an und erfand sich neu, wie sie es von jeher gewöhnt war. Sie spielte Theater, wirkte in Filmen mit, veranstaltete Liederabende, ging auf Tournee, veröffentlichte CDs und schrieb drei autobiographische Bücher. Im Sommer 2022 starb sie im Alter von 87 Jahren in Hamburg. Ihre Familie benachrichtigte die Öffentlichkeit mit den Worten: »Am 16. August 2022 hat unsere geliebte Eva-Maria Hagen diese irdische Welt verlassen und ist uns in die ewige Heimat vorausgegangen. Wir trauern voller Sehnsucht, in Liebe und Dankbarkeit. Nina, Cosma und Otis Hagen – sowie alle ihre Freunde, Freundinnen, Wegbegleiter und Wegbegleiterinnen.« ❖

Nachträgliche Liebe

Romy Schneider und Sarah Biasini

❖ Als Romy Schneider 1982 starb, war sie 43 und ihre Tochter Sarah vier Jahre alt. In ihrem Buch *Die Schönheit des Himmels* (2021) beschreibt Sarah den Moment, als sie vom Tod ihrer Mutter erfährt: »Ich weine nicht. Ich sage nichts. Ich gebe vor, nicht zuzuhören bei dem, was mein Vater mir gerade sagt.« Nicht wahrnehmen, bagatellisieren, dem Vater nicht ins Gesicht schauen, aus Angst davor, ihn weinen zu sehen. Zu diesem Zeitpunkt waren Romy Schneider und Daniel Biasini, die 1975 geheiratet hatten, bereits ein Jahr geschieden. Romy Schneider lebte mit dem Produktionsleiter Laurent Pétin zusammen.

Dass ihr Vater sich als stark erwies, gab Sarah Kraft und schweißte die beiden zusammen. »Wir beherrschen uns gemeinsam«, erklärt sie. »Wir müssen uns gegenseitig beschützen.« Dazu seine Erklärung: »Mama ist gegangen, um bei David zu sein«, mit der er den tragischen Unfall von Romys Sohn meint, der sich im Sommer 1981 beim Versuch, auf das Grundstück der Großeltern zu klettern, an den Metallspitzen des Zaunes tödlich verletzt hatte. David wurde 14 Jahre alt. Er stammte aus Romy Schneiders Ehe mit dem Schauspieler Harry Meyen, der 1979 Suizid begangen hatte.

Sarah hat ihre Mutter nur kurze Zeit gekannt und nur so, wie es einem kleinen Kind möglich ist, jemanden zu kennen. Das bedeutet in erster Linie in Verbindung zu sich selbst und als Teil von sich selbst. Nach ihrem Tod blieb die Unbekannte jedoch permanent präsent – nicht als Bezugsperson, sondern als Mittelpunkt innerhalb eines Bezugssystems, in dem sich Sarah nun ohne sie bewegen musste. Für Sarah war es zeitweise eine Belastung, ständig als Tochter und Auskunftgeberin in Sachen Romy Schneider angesprochen zu werden. »Wenn der Tod einen daran hindert, jemanden kennenzulernen, sucht man deshalb noch lange nicht nach dem, was man nicht weiß. Man lässt die Stelle leer«, schreibt sie in ihrem Buch. Sie will gar nicht alles wissen, sie will auch nicht alle Filme ihrer Mutter sehen, sie will einfach ihr eigenes Leben leben. Deshalb hat sie manches Mal auf die Frage, ob sie Romy Schneiders Tochter sei, mit »Nein« geantwortet – sie wollte die »Fragen vermeiden, die Befangenheit, die eindringlichen, unangemessenen, zu nahen Blicke.« Zur Selbstbehauptung war ein radikaler Schluss notwendig: »Niemand will meine Mutter vergessen, nur ich«, heißt es in ihrem Buch. Gleichzeitig wusste sie schon damals: »Niemand wird so sehr weinen wie ich, wenn ich daran denke.«

Sarah Biasini studierte Kunstgeschichte an der Sorbonne, nahm Schauspielunterricht am Lee Strasberg Theatre Institute in Los Angeles und sammelte in London erste Bühnenerfahrung. Auftritte in verschiedenen Pariser Theatern folgten. 2003 spielte sie die Hauptrolle in der französisch-italienischen Produktion *Julie – Agentin des Königs* (frz. *Julie, chevalier de Maupin*). Sie ist mit dem Theaterregisseur Gil Lefeuvre verheiratet. Am 11. Februar 2018 wurde ihre Tochter Anna geboren.

Manchmal, wenn sie Fotos ihrer Mutter anschaut, beginnt sie ein Gespräch mit ihr, in dem sie ihr vorwirft, nicht mehr da zu sein. Sie brüllt sie an, »um sie leichter zu lieben«. Darauf folgen weitere extreme Reaktionen: »Ich lasse sie fallen, um sie zu halten. Ich entmystifiziere sie, um sie menschlicher zu machen.«

Wichtige Bezugsperson für Sarah ist ihre Großmutter väterlicherseits, Monique Biasini, die sie »Mutter-Großmutter« nennt. Als Sarah selbst schwanger war, stellte sie ihr die Fragen, die man in ihrem Zustand eigentlich der Mutter stellen würde. In diesem Fall verschmolzen die Rollen Großmutter und Mutter miteinander. »In ihrem Arm bin ich aufgewachsen und hier kann ich jederzeit wieder Kind sein.« Sarah ist sich ihrer Sonderstellung bewusst: Sie ist Moniques »erste Enkeltochter und gleichzeitig auch ihre Tochter«. Es ist so, als wäre ihre Großmutter 1982 im Alter von 51 Jahren zum dritten Mal Mutter geworden, »in dem Jahr, ab dem sie mich wie ihre eigene Tochter lieben wird«, erklärt Sarah in ihrem Buch. Nachdem Romy gestorben war, fühlte sich Monique verantwortlich für das mutterlose Kind und wurde in ihrem Bestreben, Sarah zu beschützen, unmäßig. Ihr Ziel: jeglichen emotionalen Verlust oder Mangel auszugleichen, den kleinsten Schmerz zu lindern oder am besten im Keim zu ersticken. Für das Kind wurde das irgendwann zu viel. »Hör auf, Oma«, war ihre Reaktion auf das Übermaß an Liebe, das ihr entgegengebracht wurde und sie zu ersticken drohte.

Auch Romy hatte sich ihrer Schwiegermutter nahegefühlt und diese enge Verbundenheit geschätzt. Monique war nur sieben Jahre älter als sie gewesen und Mittelpunkt einer ›vereinten‹ Familie, Vertraute, Verbündete. Es war für Monique, genau wie für Daniel Biasini, selbstverständlich, Romys Sohn David in ihre Familie aufzunehmen, so dass Sarah mit einem großen Bruder aufwachsen würde.

Wenn Sarah an ihre Mutter denkt, tauchen auch Fragen nach deren Kindheit auf. So beginnt ein Kapitel ihres Buches mit dem Satz: »Wie war die Beziehung zwischen meiner Mutter und ihrer eigenen?« Bei der Beantwortung ist Sarah auf ihre Phantasie angewiesen, denn mit ihrer Mutter konnte sie nicht mehr darüber reden, mit ihrer Großmutter mütterlicherseits war sie nur sporadisch in Kontakt. Nur einmal im Jahr besuchte sie Magda Schneider in Bayern, doch da Sarah kein Deutsch sprach, mussten zur Verständigung andere Familienmitglieder bemüht werden, um zwischen Großmutter und Enkelin zu vermitteln. Romy hatte mit ihrer Tochter nur Französisch gesprochen – im Zuge ihrer Entscheidung, in Frankreich zu leben und zu arbeiten.

Für Sarah blieben viele Fragen offen, vor allem diejenigen nach der Intensität der Beziehung zwischen ihrer Mutter und ihrer Großmutter. Sie hätte gerne gewusst, ob Magda Vorbild für Romy gewesen war, ob die beiden Verbündete geworden waren oder ob sich Unausgesprochenes zwischen sie gedrängt hatte. In Sarahs Vorstellung stellt sich das Verhältnis der beiden Frauen als ein eher kühles dar. Ganz anders als das zu ihrer Großmutter väterlicherseits. Es bleiben die Fragen: Wie hat sich Romy zwischen Magda und Monique gefühlt? Und welche Art von Mutter hatte sie für ihre Tochter sein wollen? Sarah hat es nicht mehr erfahren.

Ihrer Großmutter väterlicherseits verdankt Sarah die Revision des allgemein vorherrschenden Bildes ihrer Mutter. Romy Schneider wurde und wird allgemein als »ausgesprochen unglücklich, depressiv, abhängig« dargestellt. Doch Monique wies diese Charakterisierung entschieden zurück: »So war deine Mutter nicht!« Sie habe nicht den ganzen Tag geweint, wie in manchen Veröffentlichungen suggeriert wird. Im Gegenteil, sie habe viel mit ihrer Familie gelacht.

Sarah sieht sich zwischen diesen beiden Romys hin- und hergerissen: auf der einen Seite die zum Unglück verdammte Ikone, zu der Romy Schneider von den Medien stilisiert wird, auf der anderen Seite »eine Frau, fast wie jede andere«, die von den Verwandten ihres Mannes herzlich aufgenommen, aber niemals vergöttert worden ist. Das lag vor allem an deren Lebenseinstellung, weiß Sarah: »Sie suchen nicht das Rampenlicht, sie bedauern nichts in ihrem Leben, sind nicht frustriert, wünschen sich nicht insgeheim selbst ein Künstlerdasein.« Ihre Zufriedenheit ermöglichte ihnen, allen voran Monique, einen ebenso direkten wie unkomplizierten Umgang mit Romy, den diese zu schätzen wusste.

Sarah wiederum weiß zu schätzen, dass ihr ein neuer Blick auf ihre Mutter ermöglicht wurde. Diesen fand sie auch von ihrem Vater bestätigt. Er habe ihr gestanden, dass er sich ernsthaft gefragt hätte, ob er tatsächlich mit der Frau zusammengelebt habe, als die Romy gemeinhin dargestellt worden war. Seine Antwort: »Nein, das ist nicht die Frau, die ich gekannt habe, ganze elf Jahre lang!«

Die Frau, mit der Daniel Biasini über ein Jahrzehnt zusammengelebt hatte, wurde am 23. September 1938 als Rosemarie Magdalena Albach in Wien geboren. Ihre Eltern waren Magda Schneider, eine theaterbegeisterte junge Frau, die ihre Karriere selbst initiierte und mit Büroarbeiten finanzierte, und Wolf Albach-Retty, der Spross einer berühmten Schauspieldynastie. Ihren ersten gemeinsamen Film, *Kind, ich freu mich auf Dein Kommen*, drehten sie 1933 in der Schweiz. Die Rolle der Sekretärin, die Magda Schneider darin spielte, sollte sie noch oft verkörpern – genau wie die der Verkäuferin oder der Garderobiere. Wolf Albach-Retty war prädestiniert für die Rolle des Bonvivant, des charmanten Verführers aus gutem Hause – doch nicht nur auf der Leinwand, auch im Leben wurde er seiner Rolle als unwiderstehlicher Frauenschwarm gerecht. Er und Magda Schneider wurden ein Paar, heirateten 1937 in Berlin und avancierten zu Publikumslieblingen, die Bodenständigkeit und Noblesse miteinander verbanden.

Auch nach der Geburt ihrer Tochter Rosemarie hatte das Filmgeschäft für die frisch gebackenen Eltern oberste Priorität, das Familienleben wurde der Arbeit fraglos untergeordnet. Die kleine Familie zog nach Schönau am Königssee, wo die Großeltern mütterlicherseits in dem Landhaus ›Mariengrund‹, einem Familienbesitz, lebten. Zusammen mit Kinderfrauen und Hausmädchen waren sie für die Kinderbetreuung zuständig, während die Eltern an neuen Filmprojekten mitwirkten oder auf Kinotourneen Werbung für ihre Filme machten. Daran sollte auch die Geburt eines zweiten Kindes nichts ändern – Wolf-Dietrich kam am 11. Juni 1941 zur Welt. 1943 trennte sich das

Paar, 1945 erfolgte die Scheidung. Der letzte gemeinsame Film, den sie 1942 gedreht hatten, trug den Titel *Zwei glückliche Menschen*.

1944 kam Rosemarie, genannt Romy, in Schönau in die Schule. Als sie zehn Jahre alt war, wurde sie auf ein Mädchenpensionat in Gmunden am Traunsee geschickt, ein Jahr später dann auf das streng katholische Internat Schloss Goldenstein bei Salzburg. Zu den Erziehungszielen der Ordensschwestern zählten Gläubigkeit, Gehorsam, Ordnungsliebe, Disziplin, zu den Erziehungsmethoden Schweigestunden, Exerzitientage und, wenn für nötig angesehen, Strafstunden. Romys Mutter, die nach der Scheidung weitgehend allein für die Familie sorgen musste, billigte diese Methoden, weil sie hoffte, sie würden sich positiv auf ihre temperamentvolle, manchmal aufmüpfige Tochter auswirken. Beste Freundin und zuverlässige Gesprächspartnerin für Romy wurde Peggy, wie sie ihr Tagebuch nannte. Ihm vertraute sie ihre Sorgen, Ängste und Nöte an.

Romys Mitschülerinnen wussten, dass sie die Tochter von berühmten Filmstars war, und hätten darüber gerne mehr erfahren. Weil der Kontakt zwischen Romy und ihren Eltern jedoch spärlich war, konnte Romy nicht mit Prominentengeschichten aufwarten. Weder Magda Schneider noch Wolf Albach-Retty besuchten ihre Tochter im Internat. Wenn der Vater, den Romy trotz seines offensichtlichen Desinteresses sehr liebte, in der Gegend war, verabredete er sich mit ihr in einem Salzburger Café. Selbst als Romy in Schulaufführungen mitspielte, fanden die Eltern keine Zeit, sich die Vorstellungen anzuschauen. »Schade, dass Mammi nie Zeit hat, um zur Premiere herzukommen und mich zu sehen!«, klagte sie ihrem Tagebuch. Die Eltern ihrer Mitschülerinnen seien hingegen immer da, wenn ihre Töchter auf der Bühne stünden.

Auch zu Hause hatte Romys Mutter wenig Zeit für ihre Tochter, so dass diese den Eindruck gewinnen musste, dort nicht willkommen zu sein. Während die anderen Internatszöglinge mindestens einmal im Monat zu ihren Eltern fuhren, verbrachte Romy ihre freie Zeit meistens im Schloss. Doch trotz der mangelnden Zuwendung, über die sie ab und zu klagte, wurde sie als offen, fröhlich und herzlich wahrgenommen. Englisch und Kunst waren ihre Lieblingsfächer, Naturwissenschaften lehnte sie ab. Am liebsten war ihr die Theaterarbeit. Sie liebte es, Dramen zu lesen, Rollen einzustudieren und sie auf der Bühne zu präsentieren. Sie habe sich am besten gefühlt, wenn sie spielen konnte, berichtete ihre Lehrerin Schwester Augustina 1982 in einem Interview mit der Illustrierten *Paris Match*. »Wenn ich sagte, jetzt werden wir spielen, begannen ihre Augen sofort zu glänzen. Sie sprang hoch und schrie vor Freude laut auf.« Stand keine Aufführung auf dem Plan, war sie mürrisch und missgelaunt. Männerfiguren, allen voran Hamlet, übten eine große Faszination auf sie aus. Sie darzustellen, bedeutete für sie eine Herausforderung, die sie gerne annahm. »Wenn es nach mir ginge, würde ich sofort Schauspielerin werden. So wie Mammi«, notierte sie im Alter von 14 Jahren in ihrem Tagebuch. Schon ein knappes Jahr später würde ihr Wunsch in Erfüllung gehen und sie zum ersten Mal zusammen mit ihrer Mutter vor der Kamera stehen.

Doch zuvor galt es, die Mittlere Reife, die auch das ›kleine Abitur‹ genannt wurde, abzulegen. Im Juli 1953 verließ sie das Internat, um im September ein Studium an der Kölner Kunstgewerbeschule zu beginnen. Als Zeichnerin in der Modebranche tätig zu sein, war ihr verlockend erschienen. Aus Schloss Goldenstein wurde sie vom Chauffeur des neuen Lebensgefährten ihrer Mutter abgeholt. Der Unternehmer, Gastronom und Hotelbesitzer Hans Herbert Blatzheim stammte aus Köln und wurde ›Gastronomie-Zar‹ genannt. Er war in beinahe jeder Hinsicht das Gegenteil von ihrem Vater. Trotzdem erfüllte sie seinen Wunsch und nannte ihn ›Daddy‹. Von Anfang an stand sie ihm distanziert gegenüber. Mit der Zeit sollte diese Distanz wachsen, so dass sie ihn schließlich nur noch als den »zweiten Mann meiner Mutter« bezeichnen würde.

Als Romy nach Schulabschluss in Schönau eintraf, hielt sich ihre Mutter in München auf, wo sie über die Hauptrolle in einem neuen

Film verhandelte. Magda Schneiders Filmpartner sollte Willy Fritsch sein, der sich besonders bei den Zuschauerinnen großer Beliebtheit erfreute. Sie selbst sollte erstmalig eine Mutter verkörpern. Gesucht wurde nun die passende Besetzung für die Tochter. Magda Schneider zögerte nicht lange und schlug die 14-jährige Romy vor, die, ohne je Schauspielunterricht gehabt zu haben, die Probeaufnahmen mit Bravour absolvierte und damit die Rolle des Evchen in der Tasche hatte. »Es hat geklappt! Es hat geklappt!!! Am 8. September fahren Mammi und ich nach Wiesbaden. Es geht los. Ich filme! Toll, einfach toll!!!«, frohlockte sie am 6. September 1953.

Bei dem Film handelte es sich um *Wenn der weiße Flieder wieder blüht* (1953), ein typisches Produkt der 1950er Jahre. Das Publikum verlangte nach einer heilen Welt, die den Krieg und seine Folgen vergessen ließ. Romy berichtete ihrem Tagebuch Peggy von den Dreharbeiten. Sie war stolz auf ihre Leistung, die vom Regisseur, dem gesamten Team und vor allem dem Hauptdarsteller ausgiebig gelobt wurde. Was sie nicht verstand, war die Skepsis ihrer Mutter. Diese hatte dem Produzenten vertraglich eingeräumt, dass er die Rolle des Evchen innerhalb der ersten Woche hätte umbesetzen können, falls Romy seinen Erwartungen nicht entsprochen hätte. Warum hatte die Mutter so wenig Vertrauen zu ihr und ihren Fähigkeiten?

Die PR-Abteilung des Filmverleihs erkannte hingegen sofort, dass sich das junge ungekünstelte Mädchen erfolgreich zu Werbezwecken einsetzen ließ. Schon bald war sie auf den Titelblättern der Illustrierten zu sehen. Die Journalisten gerieten ins Schwärmen: »Und überhaupt, dieser Backfisch (Romy Schneider-Albach, Magda Schneiders Tochter) – Schande über unsere jungen Männer, wenn sie von diesem Mädchen nicht begeistert wären«, hieß es im *Hamburger Echo*.

Romy ließ sich von der Euphorie, mit der ihre Natürlichkeit, ihr Charme und ihre Spielfreude gefeiert wurden, anstecken. Als »eine der aufregendsten Geschichten« nennt sie in ihrem Tagebuch ihre erste Autogrammstunde. Sie hatte sich zu Hause gründlich darauf vorbereitet, ausprobiert, wie sie ihre Unterschrift gestalten, wie ihr Name am besten zur Geltung kommen würde: »so mit einem Kringel oder einfach so.« Der überwältigende Beifall überraschte sie: »Und alles klatschte. Und alles jubelte.« Atemlos und glücklich sei sie immer wieder vor den Vorhang getreten und habe ihren Knicks gemacht. »64 (!!!) Vorhänge sollen es im Ganzen gewesen sein.«

Der große Erfolg, der ihrem Debüt als Filmschauspielerin beschieden war, lässt sich im Nachhinein als Vorgeschmack auf das deuten, was die *Sissi*-Trilogie, für die sie von 1955 bis 1957 vor der Kamera stand, beim Publikum auslöste und auch heute noch auslöst. Nach wie vor werden die drei Filme, die das Schicksal der Kaiserin von Österreich zum Inhalt haben, jedes Jahr zu Weihnachten auf etlichen Fernsehprogrammen gezeigt. »Sie pappt an mir an wie Grießbrei«, lautete Romy Schneiders Kommentar im Rückblick.

Weil schon der erste Film alle Erwartungen übertraf und als einer der größten Publikumserfolge in die Filmgeschichte einging, hatte sie keine Chance, eine Fortsetzung abzulehnen. Nicht nur der Verleih, die Produktionsfirma und der Regisseur, sondern auch Romys Mutter und ihr Stiefvater drängten sie zu weiteren Folgen. Wie hätte sie da widerstehen und die Angebote ablehnen können? Nur wenige Jahre zuvor war sie traurig gewesen, dass ihre Eltern niemals zu ihren Schulaufführungen gekommen waren – und jetzt wollten sie alle sehen. Auf der Straße wurde sie von fremden Menschen als Sissi-Darstellerin erkannt und angesprochen. Ruhm und Popularität waren ihr quasi über Nacht zugefallen. Doch das löste naturgemäß zwiespältige Gefühle in ihr aus: »Einmal bin ich stolz, dass es so ist, und einmal wünschte ich, ich könnte mich mal in eine richtige Kneipe setzen und Würstl essen, ohne dass jemand zuschaut«, vertraute sie ihrem Tagebuch an. Bei allen öffentlichen Auftritten stünde »Mammi hinter einem und flüstert ins Ohr: Jetzt lächeln, lächle …«

Magda Schneider fühlte sich für die Karriereplanung ihrer Tochter zuständig, Hans Herbert Blatzheim für die Finanzen. Beide profitierten von ihrem erfolgreichen Zögling. Romy war ganz zufrieden, »mit dem ganzen Geldkrempel nichts zu schaffen« zu haben, wie sie ihrem Tagebuch erklärte. Doch mit der Höhe ihres Taschengeldes war sie nicht einverstanden: Darüber müsse sie unbedingt mit ihrer Mutter verhandeln. »Jetzt, wo ich selber Geld verdiene, muss es unbedingt erheblich hinaufgesetzt werden.«

1958 wirkte Romy Schneider erstmalig in einer ausländischen Produktion mit: In dem auf Arthur Schnitzlers Drama *Liebelei* (1894) basierenden Film *Christine* spielte sie die Titelrolle. 26 Jahre zuvor war diese Figur in Max Ophüls' Film von ihrer Mutter verkörpert worden. Bei den Dreharbeiten lernte Romy den französischen Schauspieler Alain Delon kennen, verliebte sich in ihn und zog, gegen den Willen ihrer Mutter und ihres Stiefvaters, zu ihm nach Paris. Im Frühling 1959 fand die Verlobung in Morcote am Luganer See statt.

Frankreich war für Romy Schneider gleichbedeutend mit Freiheit. »Ganz französisch« sein wollte sie in der Art zu leben und zu lieben. Dabei störte es sie nicht, dass sie zunächst in Frankreich nur als »lebenslustige Begleiterin des kommenden Weltstars Alain Delon« wahrgenommen wurde.

1961 begann Romy Schneiders Zusammenarbeit mit dem italienischen Regisseur Luchino Visconti. Er inszenierte im Théâtre de Paris das Stück *Schade, dass sie eine Dirne ist* mit ihr und Alain Delon in den Hauptrollen. Im selben Jahr drehte er mit ihr *Boccaccio 70*. Für die Rolle der Leni in Orson Welles' Verfilmung von Franz Kafkas Roman *Der Prozess* erhielt sie 1963 den französischen Filmpreis Étoile de Christal als beste ausländische Schauspielerin. Im selben Jahr erfolgte die Trennung von Alain Delon.

1966 heiratete sie den Schauspieler und Regisseur Harry Meyen und bekam im selben Jahr ihr erstes Kind: David-Christopher wurde am 3. Dezember in Berlin geboren. Romy Schneider widmete sich nun ganz ihrer Familie und drehte eineinhalb Jahre lang keinen Film. 1967 starb ihr Vater Wolf Albach-Retty, ein Jahr später ihr Stiefvater Hans

Herbert Blatzheim. Magda Schneider sollte ihre beiden Ehemänner um Jahrzehnte überleben. 1982 ging sie eine Ehe mit dem Kameramann Horst Fehlhaber ein. Sie starb am 30. Juli 1996.

Romy Schneider trennte sich 1973 von Harry Meyen, die Scheidung erfolgte 1975. Im selben Jahr heiratete sie ihren Privatsekretär Daniel Biasini. Bei der Hochzeit war Romy bereits schwanger, erlitt jedoch eine Fehlgeburt. Kurz darauf wurde sie wieder schwanger. Auf welche Art und Weise Daniel davon erfahren hat, hat er seiner Tochter erzählt: Er und Romy seien in Calvi im Urlaub gewesen, als der italienische Regisseur Luchino Visconti angerufen habe, um Romy für die Hauptrolle in seinem neuen Filmprojekt zu gewinnen. Doch Romy lehnte ab mit der Begründung, sie sei schwanger. Ihr Ehemann glaubte seinen Ohren nicht zu trauen. Er hatte bis zu diesem Moment nichts davon gewusst.

1977 kam Tochter Sarah Magdalena in Gassin bei St. Tropez zur Welt. In den Jahren zuvor hatte Romy beinahe ununterbrochen vor der Kamera gestanden. Zu den Regisseuren, mit denen sie arbeitete, gehörte neben Joseph Losey, Claude Chabrol und Bertrand Tavernier der Franzose Claude Sautet, mit dem sie fünf Filme drehte. »Bei Sautet beginnt sie, den Typus der modernen, emanzipierten – dabei nie feministischen – Frau zu entwickeln«, so ihr Biograph Thilo Wydra.

Romy Schneiders letzter Film war zugleich der erste, den sie selbst initiierte. *Die Spaziergängerin* (frz. *La passante du Sans-Souci*) wurde am 14. April 1982 uraufgeführt. Er trägt die Widmung »Für David und seinen Vater«.

Sarah Biasini hat damit aufgehört, Theorien über das Leben ihrer Mutter aufzustellen. Stattdessen empfiehlt sie: »Wenn wir sie lieben, lasst uns weiter ihre Filme sehen, eine schönere Würdigung gibt es nicht.« ❖

»Es gab nur mein Mädchen und mich.«

Liv und Linn Ullmann

❖ Linn Ullmann bekennt gleich am Anfang ihres autobiographischen Romans *Die Unruhigen* (2015), dass sie als Kind so schnell wie möglich erwachsen werden wollte. Es habe ihr nicht gefallen, ein Kind zu sein. Bis heute vermeide sie es, Kinderfotos von sich anzuschauen. Demzufolge lehne sie auch die moderne Empfehlung, das Kind in sich zu entdecken und zu bewahren, vehement ab. Einen Grund dafür sieht sie selbst in der gegenteiligen Haltung ihrer Eltern: Diese wollten nicht erwachsen werden, sondern Kinder bleiben. Bloß keine bürgerliche Existenz mit den dazu gehörenden Werten und Pflichten. Kindheit war für ihre Eltern ein Synonym für Freiheit und die Quelle von Kreativität. Linn Ullmann erzählt, dass sie es bereits als junges Mädchen gehasst habe, wenn man mit ihr über ihre Eltern sprechen wollte. Mit den Worten: »Ich bin niemandes Kind«, habe sie es kategorisch abgelehnt, »in dieses ewige Mutter- und Vater-Schema« gepresst zu werden. Sie wollte nicht in Bezug auf ihre berühmten Eltern, sondern als eigenständige Persönlichkeit wahrgenommen werden.

Mittlerweile gehört die norwegische Autorin zu den bedeutendsten Schriftstellerinnen Skandinaviens. Ihrem Erstlingswerk *Die Lügnerin* aus dem Jahr 1998 folgten fünf weitere Romane. Ihre Werke wurden in 30 Sprachen übersetzt. 2017 wurde ihr von der Schwedischen Akademie der Doubloug-Preis für ihr Gesamtwerk verliehen.

Linn Ullmanns Eltern sind die norwegische Schauspielerin Liv Ullmann und der schwedische Regisseur Ingmar Bergman. Vollkommen verschieden voneinander waren die Beziehungen, die die Eltern zu ihrer Tochter entwickelten, angefangen bei den Spitznamen. So nannte sie der Vater ›Kleine Chinesin‹ und die Mutter ›Scheißerchen‹, ohne vom jeweils anderen Spitznamen zu wissen. Wenn der Vater nicht zu Hause war, fragte sich die Tochter nicht, wo er war. Ganz anders bei ihrer Mutter: »Wenn Mama auf Reisen ist, sehne ich mich die ganze Zeit nach ihr. Ich sehne mich von dem Moment an, wenn sie zur Tür hinausgeht, bis zu dem Moment, in dem sie zurückkommt.« Ihre Sehnsucht war so stark und groß, dass sie dafür einen zusätzlichen Körper benötigt hätte, in dem dieses Gefühl hätte Platz finden können. Also war der Wunsch in Erfüllung gegangen, den ihr der Vater bei ihrer Taufe mit auf den Weg gegeben hatte: »Ich wünsche Dir ständige Sehnsucht und Hoffnungen, denn ohne Sehnsucht kann man nicht leben.«

»Vorbehaltlos« habe sie die beiden geliebt, doch das sei nicht immer einfach gewesen als Kind zweier Menschen, die die Erwachsenenrolle und damit auch ein familiäres Wir-Gefühl ablehnten. »Ich war sein Kind und ihr Kind, aber nicht beider Kind. Es gab niemals uns drei«, erklärt Linn Ullmann. Es gäbe auch kein Foto, das alle drei zusammen zeige. »Sie und er und ich. Diese Konstellation existierte nicht.«

Was existierte, war die Verliebtheit in ihre Mutter, die »das schönste, weichste und liebste Wesen auf der Welt« für sie war. »Als Kind lag ich gern dicht neben ihr und strich ihr über das Haar.« Diese Liebe bezeichnet sie heute als verrückt, wahnsinnig, leidenschaftlich und überfordernd: nicht nur für die Mutter, sondern auch für sich selbst. Ein kleines Kind wie sie habe dieses Gefühl nicht verstanden und daher nicht damit umgehen können. »Ich war so klein, dass ich noch keine Worte für schön oder für Liebe hatte.« Wie die meisten Kinder sei sie an allem interessiert gewesen, »was groß und was klein war, und Mama hatte große Füße und große Ohren.« Ein irritierendes Durcheinander habe die Liebe zu ihrer Mutter erzeugt und sie letztendlich dazu inspiriert, die einzigartige, problematische, lustige, traurige Liebesgeschichte zwischen einem Mädchen und ihrer Mutter zu schreiben – und damit eine ungewöhnliche Mutter-Tochter-Geschichte. Wichtig war ihr bei *Die Unruhigen*, die Leistung der Mutter als arbeitende, alleinerziehende Frau zu würdigen – mit allen Belastungen, die eine solche Existenz mit sich brachte. Dazu gehörte auch der Besitzanspruch, den sie an ihre Mutter stellte, und der sich oftmals in Angst äußerte, wenn diese nicht zur vereinbarten Zeit anrief.

Linn Ullmann wollte keine Biographie schreiben, sich nicht einengen lassen auf das Faktische. Sie wusste, dass sie die Menschen, über die sie schreiben wollte – »Eltern, Kinder, Geliebte, Freunde, Feinde, Onkel, Brüder oder zufällig Passanten« – fiktionalisieren musste, um sie lebendig werden zu lassen. Sie hatte erkannt, dass die Rückschau auf das eigene Leben bestimmt war von dem Moment, an dem sie erfolgte. »Sich erinnern heißt, sich umzuschauen, immer wieder, jedes Mal von Neuem erstaunt.« Oder mit anderen Worten: Jede Erinnerung wird bestimmt vom Augenblick des Erinnerns und ist daher strenggenommen erfunden. Liv Ullmann zollte ihrer Tochter Anerkennung und bezeichnete *Die Unruhigen* als Meisterwerk, bei dem manches gelogen und vieles wahr sei.

Die Gefühle zu ihrer Mutter inspirierten sie zum Roman, der Wunsch des Vaters aber war es, mit dem der Roman tatsächlich seinen Anfang nahm: Ingmar Bergman wollte gemeinsam mit seiner Tochter ein Buch über das Altwerden schreiben. Zu diesem Zeitpunkt war er 87 und sein Gedächtnis besser als ihres.

Sie wisse oft selbst nicht, ob sie ihrer Erinnerung trauen könne, so Linn Ullmann. Ein frappierendes Beispiel sei das gelbe Haus, in dem sie mit ihrer Mutter in Amerika gewohnt und das sie ausschließlich mit dieser Farbe verbunden hatte, bis sie später erfuhr, dass es rosa gewesen war. In ihrem Roman ist es das gelbe Haus geblieben. Während der Zeit, die Linn dort gewohnt hatte, waren Kindermädchen ein- und ausgezogen. Die Mutter hatte notiert, was für sie zu einer guten Kindererziehung gehörte: »1. Kinder müssen Milch trinken. 2. Kinder müssen in der Nähe von Bäumen wohnen. 3. Mütter sollen mit ihren Töchtern nicht befreundet sein und ihnen auch nichts anvertrauen.« Vor allen Dingen sollten Mütter nicht vergessen, wer die Mutter und wer die Tochter, wer die Erwachsene und wer das Kind sei.

Zwei Jahre lang arbeiteten der Vater und die Tochter an den Plänen für ihr Buchprojekt. Eine Struktur musste gefunden werden angesichts der Fülle der Personen, die berücksichtigt werden sollten. Allein zur engeren Familie gehörten seine sechs Frauen und neun Kinder. Wie wichtig im Leben eine sorgfältige Zeitplanung ist, um Chaos und Ängste zu vermeiden, lernte Linn dabei vom Vater. Als Erinnerungshilfen spielten Pünktlichkeit, Ordnung und das Anfertigen von Listen eine wichtige Rolle. Im Gegensatz zu ihrer Mutter habe er sich den Luxus der genauen Planung leisten können. Liv Ullmann hingegen sei nicht nur eine gefragte Schauspielerin gewesen, die weltweit zu Dreharbeiten unterwegs war, sondern vor allem – nach der Trennung von Ingmar Bergman – eine alleinerziehende Mutter. Da sei oftmals Unvorhergesehenes geschehen, so dass es unmöglich war, Pläne einzuhalten.

Liv Ullmann wurde am 16. Dezember 1938 in Tokio geboren. In einer kleinen Klinik sei sie zur Welt gekommen, erzählt sie in ihren 1972 erschienenen Memoiren *Wandlungen*. Eine Maus sei über den Boden gelaufen – was ihre Mutter für ein gutes Omen gehalten hätte. Doch die Krankenschwester habe ihr bedauernd zugeflüstert: »Es ist leider ein Mädchen. Möchten Sie es Ihrem Mann vielleicht lieber selbst sagen?«

Liv Ullmanns Eltern stammten aus Norwegen: Der Vater war Luftfahrtingenieur für eine amerikanische Firma, die Mutter Buchhändlerin. 1941 zog die Familie nach Kanada, 1945 starb der Vater an den

Folgen eines Arbeitsunfalls. Nach dem Zweiten Weltkrieg ging die Mutter mit ihren beiden Töchtern – Bitten wurde 1936 geboren – zurück nach Trondheim.

Gegen den Willen ihrer Familie brach Liv das Gymnasium ab und nahm Schauspielunterricht. Ihre erste Hauptrolle war die der Anne Frank, die sie in der Saison 1957/58 am Theater von Stavanger spielte. Drei Jahre war sie dort engagiert, ehe sie 1960 Ensemblemitglied des Nationaltheaters in Oslo wurde.

Mitte der 1960er Jahre lernte sie den schwedischen Regisseur Ingmar Bergman kennen. Zu diesem Zeitpunkt war sie bereits eine in Norwegen bekannte Theaterschauspielerin und noch mit dem norwegischen Psychiater Hans Jacob, genannt Jappe, Stang, verheiratet. 1965 wurde die Ehe geschieden.

Die Rolle der Elisabet in Ingmar Bergmans Film *Persona* war der Beginn ihrer internationalen Karriere. Regisseur und Schauspielerin wurden ein Paar. In dem Jahr, als das Psychodrama erschien, kam auch Tochter Linn zur Welt, am 9. August 1966.

In ihrer Autobiographie *Lebenswege* (norw. *Livslinjer*), die sie gemeinsam mit dem Schriftsteller und Jazzmusiker Ketil Bjørnstad verfasst und 2005 publiziert hat, schildert Liv Ullmann die Geburt ihrer Tochter als einsames Erlebnis. Ingmar Bergman sei bei Dreharbeiten in Schweden gewesen und ihre Schwester Bitten habe selbst kurz vor der Entbindung gestanden. Niemand sei für sie da gewesen. Als die Wehen einsetzten, habe sie ein Taxi zum Krankenhaus genommen. Es sei nicht leicht für sie gewesen, ganz allein im Wagen zu sitzen. »Diese einsame Taxifahrt zum Krankenhaus werde ich nie vergessen«, schreibt sie in ihren Memoiren und gibt zu bedenken, »Kinder wissen oft nichts von den Belastungen, denen ihre Eltern ausgesetzt sind«. Genauso wenig wie von deren Glücksmomenten: Die Nacht, in der Liv ihre Tochter zur Welt brachte, sei die schönste Nacht ihres Lebens gewesen. »Die Existenz meiner Tochter löste in mir eine unbändige Freude aus.« Noch nie sei sie so glücklich gewesen, es war ein Ereignis, das ihr ganz allein gehörte. Alles habe sich auf einen Schlag verändert. »Es gab nur mein Mädchen und mich. Um uns beide wollte ich mich kümmern.«

Doch das war nicht immer leicht. Als Linn drei Monate alt war, beschloss Ingmar Bergman nach Rom zu fahren, wo er den Regisseur Federico Fellini treffen wollte, um mit ihm über einen Film zu sprechen. Es war ihm wichtig, dass Liv ihn begleitete, daher sollte sie mit dem Stillen aufhören. »Es ist ein schmerzliches Thema, zu dem ich mich noch nie geäußert habe«, gesteht sie ihrem Co-Autor und Gesprächspartner Ketil Bjørnstad. Sie habe sich Ingmar Bergmans Wunsch gebeugt und ihr Kind für fast drei Wochen allein gelassen. Später habe sie einige Male versucht, mit Linn darüber zu reden. Sie wollte ihr erklären, in welcher Situation sie sich befunden hatte. Damals hatte sie geglaubt, keine andere Wahl zu haben. »Ingmar war der Papa. Ingmar entschied.« Eine Entscheidung, die sie im Nachhinein als falsch empfand. Linn Ullmann widmet dieser Begebenheit einen Satz in ihrem Roman: »Als das Mädchen ein paar Wochen alt war, bestimmte der Vater, dass die Mutter nicht mehr stillen, die Brust an ihren Platz in der Bluse stecken, sie ihm zurückgeben sollte, damit sie beide nach Rom reisen konnten.«

Obwohl sie die Versäumnisse ihrer Eltern und die Verletzungen, die ihr dadurch zugefügt wurden, in ihrem Roman aufgreift, besteht die Intention nicht in einer Anklage, wie Linn Ullmann der Regisseurin Andrea Gerk in einem Interview für Deutschlandfunk Kultur verriet: Sie habe über eine Familie »mit viel Liebe, mit vielen verschiedenen Projekten, mit vielen Dingen, die diese immer wieder in Angriff nehmen« schreiben wollen. Über eine große Familie mit vielen Plänen, »die oft nicht gelingen, die oft kaputt gehen, zerstört werden« – was die Hauptfiguren aber nicht daran hindert, trotzdem jeden Morgen neu aufzustehen und wieder von vorne anzufangen, und sich nicht entmutigen zu lassen.

Für sie sei ihr Roman keine Geschichte über Eltern, die ihr Kind vernachlässigen. Sie äußert Verständnis für die Versuche der Eltern,

»ihr Chaos in den Begriff zu bekommen durch Pünktlichkeit, durch Arbeit, durch Schaffenskraft«, und erinnert daran, dass die Stellung der Frau damals eine andere war. Sogar ihre Mutter, die als Motto für ihre Männerbeziehungen nach der Trennung von Ingmar Bergman »Mannsbilder over and out« gewählt hatte, dachte oft die männliche Erwartungshaltung mit. »Wir müssen dies oder jenes tun, weil sie, die Männer, es mögen«, so die Begründung für ein bestimmtes Verhalten, das Frauen an den Tag legen, so zum Beispiel: »Wir dürfen nicht zu eifrig erscheinen – dann machen wir ihnen Angst.« Oder: »Sie mögen es nicht, wenn unsere Stimmen schrill sind.« Gleichzeitig ist sich Liv Ullmann der Benachteiligung bewusst, mit der alleinerziehende Frauen wie sie zu kämpfen haben. In ihren *Wandlungen*, die sie ihrer Tochter gewidmet hat, nimmt sie deutlich Stellung: »Der Frau werden unweigerlich Schuldgefühle eingeimpft, wenn sie arbeiten möchte oder muss und ihr Kind von anderen versorgen lässt. Weil sie eine Frau ist, braucht das Kind sie zu Hause.« Im Gegensatz dazu gelte es als normal, wenn ein Mann zuallererst an seinen Beruf denke. Wenn ein Paar nicht verheiratet sei, laste zudem auf der Frau der Makel der Mutter eines unehelichen Kindes. Doch für all die Diskriminierung würde sie entschädigt werden durch »die Küsse, die bekritzelten Zettelchen auf dem Kopfkissen, die kleinen Geheimnisse, die körperliche Wärme, die Verantwortung«: »Gefühlsmäßig gesehen, ist sie dem Mann gegenüber unvergleichlich im Vorteil.«

Sie habe nicht gewusst, wie sie als Mädchen sein sollte, erklärt Linn Ullmann. Durch die vielen Schulwechsel war sie in der Klasse immer die Neue, die von außen kam. Das habe sie zu einer »Expertin für Machtgefüge« werden lassen, die sehr schnell die Struktur und Dynamik einer Gruppe durchschauen konnte. 13 verschiedene Schulen habe sie besucht. Als ihre Mutter das abstritt und darauf bestand, dass es weniger gewesen seien, präsentierte Linn als Beweis eine ihrer bewährten Listen.

Gegenstände ihrer Listen, die sie in ihr Notizbuch schrieb, waren neben ihren Schulen unter anderem: »Die Zahl der Kindermädchen«, »Die Zahl der Geliebten (Mamas)«, »Was ich mir kaufen werde, wenn ich eigenes Geld habe«, »Die hübschesten Mädchen in der Klasse« oder »Die Zahl der Tage, bis ich dreizehn bin.«

Nicht nur durch die Anregung, Listen zu führen, hatte Ingmar Bergman seiner Tochter ein Stück Sicherheit gegeben, sondern auch durch sein Haus auf Fårö. Es sei der einzige Ort, an dem sie sich »immer total sicher« gefühlt habe. Zwar herrschten dort strenge Regeln, die sich aus der Arbeitsweise des Vaters ableiteten, aber für Linn ergaben sie durchaus Sinn, so dass sie sie bereitwillig befolgte: Die Mahlzeiten fanden jeden Tag zur gleichen Zeit statt, ebenso die Gespräche mit dem Vater. Zweimal am Tag hieß es Kinozeit. Dann lud der Vater in das Kino ein, das er sich in einer Scheune eingerichtet hatte. Um drei Uhr nachmittgas wurden die anspruchsvollen Filme gezeigt. Ein vierstündiger Stummfilm über Holzhacken sei Linns »Reifeprüfung« gewesen. Um acht Uhr abends gab es aktuelle Filme zu sehen. Für alle galt, dass man die Vorstellung von Anfang bis Ende anschauen musste. Es war undenkbar, das Kino vorzeitig zu verlassen.

In *Lebenswege* berichtet Liv Ullmann, wie sie Ingmar Bergman einmal gefragt habe, warum er sie als Schauspielerin für seine Filme ausgewählt habe. Daraufhin habe er verwundert geantwortet: »Siehst du denn nicht, dass du meine Stradivari bist?« Das habe sie nicht als Herabsetzung empfunden, sondern im Gegenteil als Geschenk, als »Entdeckungsreise« in ihr eigenes Ich. »Ingmar konnte Dinge in mir sehen und zum Vorschein bringen, die kein anderer sah.« Auf diese Weise habe er ihr nämlich Aspekte ihrer Persönlichkeit deutlich gemacht, von denen sie selbst nichts gewusst habe. Das habe sie dazu befähigt, ihre Gefühle von innen heraus allein mit ihrer Mimik darzustellen. Sie liebe Großaufnahmen und betrachte sie als Herausforderung, bekennt Liv Ullmann. »Je näher die Kamera kommt, umso stärker wird mein Verlangen, ein völlig nacktes Gesicht zu zeigen; zu zeigen, was hinter der Haut, den Augen liegt; im Kopf.« Es reize sie, »die Gedanken sichtbar zu machen, die dort entstehen.«

Ihre Tochter beschreibt diesen Vorgang in *Die Unruhigen*: »Als Mama und Papa in den sechziger Jahren ein Liebespaar waren, wirkte Mamas Gesicht so nackt, dass es fast kein Gesicht war. Es fiel unaufhörlich auseinander und setzte sich wieder neu zusammen.« Im Laufe der Jahre, in dem sie zehn Filme gemeinsam drehten, habe ihr Vater ihrer Mutter viele Namen gegeben: Elisabet, Eva, Alma, Anna, Maria, Marianne, Jenny, Manuela und dann wieder Eva und Marianne.

Erstarren, Verstummen, Ruhe, Aufruhr, Schreien und Flüstern sind Elemente der Darstellungskunst Liv Ullmanns, die Ingmar Bergman erkannt, bewundert und in seinen Filmen eingesetzt hat – schon in ihrem ersten gemeinsamen Film, *Persona*, in dem sie von einer Sekunde auf die andere von der stummen Erstarrung zum Schrei und zurück wechselt. Hier scheint das berühmte Gemälde *Der Schrei* von ihrem Landsmann Edvard Munch Pate gestanden zu haben.

Fünf Jahre lebten und arbeiteten Liv Ullmann und Ingmar Bergman zusammen. In dieser Zeit entstanden unter anderem die Filme *Die Stunde des Wolfs* (schwed. *Vargtimmen*, 1968), *Schande* (schwed. *Skammen*, 1968) und *Passion* (schwed. *En Passion*, 1969). Später, nach ihrer 1971 erfolgten Trennung, die nicht das Ende ihrer Zusammenarbeit bedeutete, folgten die Filme *Schreie und Flüstern* (schwed. *Viskningar och rop*, 1972), *Szenen einer Ehe* (schwed. *Scener ur ett äktenskap*, 1973), *Von Angesicht zu Angesicht* (schwed. *Ansikte mot ansikte*, 1976), *Das Schlangenei* (1977) und *Herbstsonate* (schwed. *Höstsonaten*, 1978).

Der vorerst letzte Film ihrer Zusammenarbeit hat eine problematische Mutter-Tochter-Beziehung zum Inhalt: Als die berühmte Konzertpianistin Charlotte, gespielt von Ingrid Bergman, nach sieben Jahren Abwesenheit ihre Tochter Eva, gespielt von Liv Ullmann, besucht, um eine Annäherung herbeizuführen, wird schnell deutlich, dass dieser Plan misslingen wird. Die Auseinandersetzung findet nicht nur auf verbaler Ebene statt, sondern mit Hilfe des Mediums, das beide lieben:

der Musik. Als Eva ihrer Mutter Chopins *Prélude Nr. 2 a-moll* vorspielt und auf deren Lob hofft, bewertet diese das Spiel ihrer Tochter als zu sentimental, setzt sich selbst ans Klavier und demonstriert souverän ihre Genialität als Pianistin. Mit der dargestellten Unterwürfigkeit waren aber weder Ingrid Bergman noch Liv Ullmann einverstanden, doch sie konnten sich gegen den Regisseur nicht durchsetzen. »Wir wollten das Drehbuch ändern«, berichtete Liv Ullmann 2013 in einem Interview. Und weiter: Ingrid Bergman habe als Charlotte der Tochter eine Ohrfeige geben wollen, anstatt sich bei ihr zu entschuldigen. Doch mit Ingmar Bergman sei nicht zu reden gewesen. »Ich bin heute noch wütend auf diese Tochter. Dreißig Jahre später. Jemand, der sich so zum Opfer stilisiert, macht mich wütender als alle Ungleichheiten zwischen Männern und Frauen«, ereiferte sich Liv.

Nachdem sich Liv Ullmann und Ingmar Bergman getrennt hatten, spielte sie zum ersten Mal in einem Film mit, der außerhalb Skandinaviens gedreht wurde: *Kalter Schweiß* (frz. *De la part des copains*, 1970) mit Charles Bronson unter der Regie von Terence Young. Es folgten zahlreiche weitere internationale Film- und Theaterproduktionen. 1975 fand ihr amerikanisches Theater-Debüt statt mit einer Rolle, die sie schon mehrfach verkörpert hatte: Nora aus Henrik Ibsens Stück *Nora oder ein Puppenheim*. Das Werk des großen norwegischen Dramatikers bezeichnete sie einmal als leitmotivisch für ihr Leben und ihre Arbeit. In diesem Stück werden für sie die Machtstrukturen, die das Geschlechterverhältnis bestimmen, auf den Punkt gebracht: Helmer, Noras Ehemann, gibt dieser zu bedenken: »Aber niemand opfert der, die er liebt, seine *Ehre*«, worauf Nora antwortet: »Das haben Hunderttausend von Frauen getan!«

Liv Ullmann arbeitete mit zahlreichen renommierten Regisseuren zusammen, übernahm Rollen in europäischen und amerikanischen Produktionen. Seit den 1980er Jahren engagierte sie sich neben ihrer Filmkarriere zunehmend politisch. Als UNICEF-Botschafterin setzte sie ihre Popularität ein, um weltweit Kindern in Not zu helfen. 1985 heiratete sie den Makler Donald Saunders, ließ sich 1995 scheiden, lebte aber wieder mit ihm zusammen.

1992 begann Liv Ullmann, sich verstärkt der Regie zuzuwenden. Das Drama *Sofie* (1992) wurde vielfach ausgezeichnet, auch *Die Treulosen* (schwed. *Trolösa*, 2000), nach einem Drehbuch von Ingmar Bergman, hatte großen Erfolg. 30 Jahre nach *Szenen einer Ehe* spielte sie 2003 in *Sarabande* – der Fortsetzung des Films, der sie berühmt gemacht hatte – wieder die Rolle der Marianne. 2022 wurde Liv Ullmann mit dem Ehrenoscar für ihr Lebenswerk ausgezeichnet.

Ingmar Bergman starb am 30. Juli 2007 im Alter von 89 Jahren in seinem Haus auf Fårö. Linn Ullmann lebt mit ihrem Mann und ihren Kindern in Oslo. ❖

»Das Schönste, was ich in meinem Leben gesehen habe«

Jane Birkin und Charlotte Gainsbourg

❖ Anfang 2023 kündigte Jane Birkin in Interviews und bei Talkshow-Auftritten an, wieder auf Tournee gehen zu wollen. 2020 war ihr letztes Album *Oh! Pardon tu dormais …* erschienen, mit dessen Songs sie die Tour bestreiten wollte. Doch es würden auch ihre älteren ›Klassiker‹ dabei sein, versprach die 76-jährige Sängerin. Die Arbeit an der Erstellung der Setliste habe sie besonders genossen: »Es ist wirklich die schönste Zeit, die ich habe und es macht mir einfach Spaß.« Sie freute sich, wieder einmal mit ihrem Publikum direkt in Kontakt treten zu können und zu erleben, wie ihre Lieder mitgesungen würden. Das hatte sie nun schon eine ganze Weile vermisst. In Deutschland waren Auftritte in der Hamburger Elbphilharmonie, in der Münchner Isarphilharmonie und im Berliner Friedrichstadt-Palast geplant. Doch kurz vorher wurden alle Konzerte abgesagt – wegen Erkrankung der Künstlerin. Am 16. Juli wurde ihr Tod bekannt gegeben.

Wie sehr Jane Birkin es liebte aufzutreten, hat sie in Interviews immer wieder betont, so auch Anfang März 2023 in der *Augsburger Allgemeinen*: »Auf der Bühne zu stehen und zu singen bereitet mir ein großes Vergnügen. Das sind anderthalb Stunden Spaß – für mich und hoffentlich auch für mein Publikum.« Auf die Frage, was sie am liebsten an sich selbst möge, antwortete sie: »Ich bin lustig. Ich kann Menschen zum Lachen bringen.« Doch nicht nur das, sie könne sie auch stärken und ermutigen – so zumindest ihre Hoffnung. Für sie selbst gab es einmal eine Zeit, in der sie nicht an sich geglaubt und sich als junge Frau »hässlich, busenlos, verloren und ungeliebt« gefühlt habe. »Ich war davon überzeugt, dass alle anderen hübsch waren, aber nicht ich.« Wenn sie auf der Bühne stehe, komme ihr manchmal der Gedanke, im Publikum könne ein Mädchen sitzen, dem es genauso gehe. Vielleicht würde sie ihm mit ihren Liedern helfen, so dass es sich zumindest zwei Stunden lang »weniger allein« vorkomme.

Jane Birkin wurde am 14. Dezember 1946 in London geboren. Ihre Eltern waren die Schauspielerin Judy Campbell und der Kapitänleutnant der Marine David Birkin. Jane wuchs zusammen mit ihrem älteren Bruder Andrew und ihrer jüngeren Schwester Linda in Chelsea auf.

Als Schauspielerin bekannt wurde sie 1967, als sie in Michelangelo Antonionis Film *Blow Up* ein Fotomodell der Swinging Sixties spielte. Zu diesem Zeitpunkt war sie bereits drei Jahre mit dem Komponisten John Barry verheiratet und Mutter einer Tochter. Kate war am 8. April 1967 in London zur Welt gekommen.

Antonioni zeigte ihr zwar nicht das Drehbuch, gab ihr aber einzelne Seiten zum Lesen, um sie auf die Nacktszenen vorzubereiten und ihr die Nervosität davor zu nehmen. Letztendlich war es jedoch ihr Ehemann, dessen Reaktion sie veranlasste, die Rolle anzunehmen. »Mach das meinetwegen ruhig«, habe er gesagt, schließlich sei Antonioni »vielleicht der beste Regisseur der Welt«, und er fügte hinzu: »Aber du traust dich sowieso nicht.« Folglich musste sie ihm beweisen, dass er unrecht hatte. *Blow Up* wurde bei den Filmfestspielen in Cannes mit der Goldenen Palme ausgezeichnet.

1968 folgte der Film *Der Swimmingpool* (frz. *La Piscine*), in dem sie an der Seite von Romy Schneider, Alain Delon und Maurice Ronet spielte. Im selben Jahr lernte sie bei einem Casting den Chansonnier, Komponisten und Schriftsteller Serge Gainsbourg kennen – eine Begegnung, die für beide schicksalhaft werden sollte. Da lebte sie bereits von John Barry getrennt. Gainsbourg war für sie »sehr bizarr«. Er war so anders als alles, was sie kannte, »ziemlich verlebt, aber zugleich voller Lauterkeit«. Und sie liebte ihn – das vertraute sie ihrem Tagebuch an.

Mit elf Jahren hatte Jane Birkin begonnen, Tagebuch zu führen. 2018 veröffentlichte sie Auszüge daraus unter dem Titel *Munkey Diaries*. Der Titel geht zurück auf jenen treuen Begleiter, an den sie sich in ihren Tagebucheintragungen wendet: ein Plüschaffe in Jockeykleidung, den sie von ihrem Onkel geschenkt bekommen hatte. »Er hat an meiner Seite geschlafen, die Melancholie des Internats mit mir geteilt, die Krankenhausbetten und mein Leben mit John, Serge und Jacques«, erklärt sie im Vorwort. Zeuge all ihrer Freuden und Leiden sei das geliebte Stofftier gewesen, »er hatte magische Kraft«.

Ihrem Maskottchen erzählte sie die Geschichte ihres überwältigenden Erfolgs als Sängerin mit jenem Lied, das zum weltbekannten Skandal wurde: »Je t'aime, moi non plus«. Sie habe Serge Gainsbourg, der damals noch bei seinen Eltern wohnte, zu Hause besucht, als er gerade ein Interview gab. Da habe er ihr das Lied, gesungen von Brigitte Bardot, vorgespielt. Sie sei »schrecklich verlegen« gewesen, habe aber etwas später auf seine Frage, ob sie das Lied mit ihm singen würde, mit »Ja« geantwortet. Brigitte Bardot hatte ihn nämlich zuvor gebeten, ihre Aufnahme nicht zu veröffentlichen. Das Lied wurde von vielen Radiostationen boykottiert. Trotzdem wurde es ein Welthit – ein Kultsong, auch heute noch, der das Lebensgefühl einer ganzen Generation repräsentiert und Serge Gainsbourg und Jane Birkin als Ikonen der sexuellen Revolution etablierte. Doch mit Zuschreibungen dieser Art konnte sich Jane nie identifizieren.

Sie habe den Song niemals als Provokation verstanden, sondern als das »perfekte Bekenntnis unserer Liebe«, erklärte sie später in einem Interview mit dem *Spiegel*. Sie sei schon von der Version mit Brigitte Bardot begeistert gewesen. »Als er mich dann bat, ihn gemeinsam mit ihm zu singen, liebte ich ihn noch mehr.« Die ablehnenden Reaktionen der Öffentlichkeit interessierten sie nicht. Einzig der Meinung ihrer Eltern galt ihre Sorge. Als sie ihnen das Lied vorspielte, habe sie mit der »Plattenspielernadel immer die Passagen mit dem heftigen Stöhnen« übersprungen. Ihre Mutter fand es wunderschön, nur Andrew, Janes großer Bruder, »ließ es sich dann allerdings natürlich nicht nehmen, den beiden das gesamte Lied vorzuspielen.« Wider Erwarten schloss sich auch der Vater dem Urteil der Mutter an – Jane hatte befürchtet, er würde sich für sie schämen.

Dass das Lied nicht nur ein sexueller, sondern ein globaler Freiheitssong wurde und gesellschaftspolitische Bedeutung erlangte, spielte für sie damals keine Rolle. Erst allmählich sollte sie seine Dimensionen erkennen. Doch zunächst hätten sie und Serge »einfach nur lustig und sexy« sein wollen. Diese Unbeschwertheit sei in den 1960er Jahren noch möglich gewesen, während heute alles »superkorrekt« sein müsse und dabei »eine Menge Humor« verloren gegangen sei.

Am 21. Juli 1971 kam Charlotte Lucy Gainsbourg in London auf die Welt. Sie habe schon vorher eine große Liebe zu ihrem Baby verspürt, schreibt Jane Birkin in ihren *Munkey Diaries*. »Ob Mädchen oder Junge, ich kann's nicht erwarten, es zu sehen und ihm zu sagen, wie sehr ich es mir gewünscht habe.« Und dann war es so weit: »Um 10.15 Uhr ist die reizende Charlotte geboren. Sie wiegt 3,4 kg und hat eine Menge seidige schwarze Haare. Sie ist das Schönste, was ich in meinem Leben gesehen habe.« Serge war außer sich vor Freude, dass es ein Mädchen war.

Charlotte Gainsbourg äußerte sich wiederholt darüber, wie es für sie war, als Kind berühmter Eltern aufzuwachsen. Dass die Eltern »Partyweltmeister« waren, die jeden Tag ausgingen und meistens erst gegen 6 Uhr morgens nach Hause kamen, störte sie nicht. Doch der Lebensstil ihrer Eltern schockierte die anderen Eltern: Der permanent provozierende Vater und die Mutter, die sich nackt fotografieren ließ, erregten Anstoß und sorgten für Empörung. Während der Schulzeit habe sie sich eine Art »Schutzmantel« gegen Anfeindungen zugelegt. Die Schimpfworte, die Charlotte zu Ohren kamen, verletzten sie nicht, denn sie wusste, dass sie nicht zutrafen. Schon früh hatte sie sich ihr eigenes Wertesystem geschaffen und damit eine gewisse Sicherheit und Unabhängigkeit gewonnen. Sie habe ihren Vater und ihre Mutter bewundert, sei stolz auf sie gewesen, doch manchmal habe die Verehrung so stark dominiert, dass sie an ihr zu ersticken drohte.

Mit ihrem Gefühl der Bewunderung war Charlotte nicht allein. Es beruhte auf Gegenseitigkeit. Jane Birkin war beeindruckt vom Selbstbewusstsein ihrer Tochter, ihrer Zielstrebigkeit und ihrer Konsequenz. Sie erkannte schnell, dass Charlotte ein außergewöhnliches Talent besaß und jede Rolle, die sie spielen wollte, auch spielen konnte: »Sie ist vielleicht eine der größten Schauspielerinnen ihrer Zeit.«

Ihr Filmdebüt feierte Charlotte Gainsbourg als Zwölfjährige in dem Film *Duett zu Dritt* (frz. *Paroles et musique*, 1984) – ihre Mutter hatte ihr die Rolle vermittelt. 1985 folgte *Das fremde Mädchen* (frz. *L'Effrontée*) unter der Regie von Claude Miller. Für ihre Darstellung wurde ihr der César als beste Nachwuchsschauspielerin verliehen. Dieser ersten großen Auszeichnung sollten noch zahlreiche weitere Preise und Nominierungen folgen.

1986 drehte sie den Film *Charlotte for Ever*, unter der Regie ihres Vaters, der auch die männliche Hauptrolle spielte. 1988 folgte, wiederum mit dem Regisseur Claude Miller, *Die kleine Diebin* (frz. *La Petite voleuse*) nach einem Drehbuch von François Truffaut. Im selben Jahr spielte sie, zusammen mit ihrer Mutter, in Agnès Vardas' Film *Die Zeit mit Julien* (frz. *Kung-Fu master*). Gedreht wurde unter anderem in Jane Birkins Elternhaus in England. 1993 stand sie in *Der Zementgarten* (engl. *The Cement Garden*) nach dem gleichnamigen Roman von Ian McEwan vor der Kamera. Regie führte ihr Onkel Andrew Birkin.

In den 1990er Jahren war sie in zahlreichen französischen Produktionen zu sehen. 2008 begann ihre Zusammenarbeit mit Lars von Trier, die drei Filme hervorbrachte: 2008 *Antichrist*, 2011 *Melancholia*, 2014 *Nymphomaniac*.

Parallel zu ihrer Filmarbeit trat sie immer wieder als Sängerin auf und veröffentlichte einige Alben.

Es sei ihr lange Zeit schwergefallen, sich aus dem Schatten ihrer Eltern zu lösen, beteuert Charlotte. Mit Interviews, die sie schon als 14-Jährige geben musste, tat sie sich schwer. Sie hatte den Eindruck, man wolle ihr etwas stehlen und davor müsse sie sich schützen. Besonders schlimm war es nach schweren Schicksalsschlägen wie dem Tod ihres Vaters 1991 und dem Tod ihrer älteren Schwester Kate 2013. Geholfen habe ihr ihre Arbeit als Schauspielerin und Sängerin. Für ihr 2017 erschienenes Album *Rest* schrieb sie das erste Mal selbst Texte – den Schmerz verwandelte sie in Kunst.

Diese Verwandlungsarbeit setzte Charlotte Gainsbourg mit dem Film *Jane by Charlotte* fort, den sie über ihre Mutter drehte und der 2021 in die Kinos kam. Ausgangspunkt waren Fragen wie: Warum wissen wir so wenig über die Menschen, die uns am nächsten sind? Über unsere Mütter? Über unsere Töchter? Wo ist der eigene Platz im Leben und im Herzen der anderen?

Als Charlotte den Film angestoßen hatte, war ihr nicht klar gewesen, wohin er sie führen würde. Doch sie ging das Wagnis einer unvorbereiteten Abenteuerreise ein und war bereit, sich überraschen zu lassen. Ihre Mutter vertraute ihr und gab viel von sich preis. Einige Jahre arbeitete Charlotte am Konzept, sichtete private Fotos und Filme und unterhielt sich immer wieder mit ihrer Mutter über die großen Lebensthemen wie Familie, Krankheit, Tod. Naturgemäß gab es auch schmerzvolle Momente. So auch gleich am Anfang der Dreharbeiten, als Charlotte die erste Frage stellte: »Warum stehen wir beide uns nicht näher?« Sie habe daraufhin zu weinen begonnen, sich verteidigt und die Dreharbeiten unterbrochen, so Jane Birkin. Es dauerte ganze zwei Jahre, bis sie wieder weitermachten. Beide waren froh, damals nicht endgültig aufgegeben zu haben. Die Initiative, die Arbeit wieder aufzunehmen, war von Jane ausgegangen, die realisiert hatte, dass die Schuldgefühle und Versagensvorwürfe weniger von ihrer Tochter als von ihr selbst stammten. Sie hatte erkannt, dass der Film für sie eine Chance bedeuten konnte, sich von ihren Selbstanklagen zu befreien.

Im Nachhinein geriet Jane Birkin darüber sogar ins Schwärmen: Charlotte sei es gelungen, sie »witzig und traurig zugleich« aussehen zu lassen. Dafür sei sie ihr dankbar. »Dieses Filmprojekt war das Beste, das ich in den vergangenen 20 Jahren gemacht habe. Ich wüsste nicht, was jetzt noch kommen könnte.«

Bei der gemeinsamen Filmarbeit lernte jede die andere von einer ganz neuen Seite kennen. Jane wurde unter anderem deutlich, dass für Charlotte – trotz ihres künstlerischen Ehrgeizes – die eigene Familie oberste Priorität hat. Das Kennenlernen betraf aber nicht nur die beiden Hauptakteurinnen des Films, sondern auch Janes jüngste Tochter Lou – ebenfalls Schauspielerin und Sängerin. Es war für Jane eine große Überraschung zu erfahren, dass auch Lou hervorragende Songtexte schrieb. Lou, deren Name eine Reminiszenz an die Schriftstellerin Lou Andreas-Salomé ist, wurde am 4. September 1982 in Neuilly-sur-Seine geboren. Ihr Vater ist der Regisseur Jacques Doillon, mit dem Jane Birkin nach ihrer Trennung von Serge Gainsbourg bis in die 1990er Jahre zusammenlebte.

Jane hatte Serge 1980 verlassen und am 15. September ihrem Tagebuch anvertraut, dass sie zwar die Beziehung beendet habe, doch es sei nicht seine Schuld gewesen, obwohl das Leben mit ihm durch seinen Egoismus, seine Alkoholsucht oft unerträglich für sie gewesen war. Jane hatte sich hin- und hergerissen gefühlt zwischen ihm und Jacques. »Und ich, von beiden geliebt, die mich halten wie Bücherstützen. Nimm eine weg, und du rutschst, nimm die andere weg, und du rutschst, nimm beide weg, und du fällst.« Davor hatte sie Angst gehabt, hatte jedoch »trotzig« ihr Leben gelebt, zunächst mit keinem von beiden, bis sie sich für Jacques Doillon entschied. Die Freundschaft mit Serge Gainsbourg blieb bestehen. Er starb am 2. März 1991 an einem Herzinfarkt.

»Ich war 19, als er starb, und für mich brach eine Welt zusammen«, klagte Charlotte Gainsbourg 2017 in einem ZEIT-Interview. Sie habe sich ein »Idealbild« von ihm gezeichnet, »um ihn vergöttern zu können«. Gleich danach habe ihre Liebesbeziehung mit dem Regisseur und Schauspieler Yvan Attal begonnen, mit dem sie drei Kinder hat und bis heute zusammenlebt. Sie sei froh über ihre enge Beziehung zu ihren Kindern und könne sich nichts anderes vorstellen. Auch mit ihrem Mann habe sie eine »sehr ausschließliche Verbindung« – anders als mit ihrer Mutter. »Ich nehme an, die Dinge haben sich zwischen mir und meiner Mutter einfach anders entwickelt. Aber das bedeutet nicht, dass ich mich meiner Mutter nicht nahe fühle«, erklärte sie in einem Interview in der *Süddeutschen Zeitung*. »Nur die Kommunikation war zwischen uns einfach nicht immer so da.«

Ihre Mutter Jane verband die Trauer um den verstorbenen Freund mit einem Akt magischer Fürsorge: Sie legte ihren geliebten Plüschaffen, der sie bis zu diesem Zeitpunkt täglich begleitet hatte, zu Serge in den Sarg. »Mein Affe, um Serge im Jenseits zu beschützen.«

Für Jane Birkin begann mit dem Tod von Serge eine Zeit der endgültigen Abschiede: Ihr Vater starb im selben Jahr. Einige nahe Verwandte folgten. Ihre Mutter, die sich nach dem Tod ihres Mannes wieder Judy Campbell genannt und 2000 im Alter von 84 Jahren noch einmal die Theaterbühne betreten hatte, starb 2004. 2013 ereilte Jane Birkin der schwerste Schicksalsschlag: Ihre älteste Tochter Kate wurde am 11. Dezember auf dem Gehweg vor ihrem Apartment in der Rue Claude Chahu gefunden. Sie war aus dem Fenster ihrer im vierten Stock gelegenen Wohnung gestürzt.

Jane Birkin zog sich aus der Öffentlichkeit zurück und hörte auf,

Tagebuch zu schreiben. »Ich konnte nicht mehr weitermachen, als ob ich nicht mehr das Recht hätte, mich in diesem Nebel auszudrücken, da ich alles Selbstvertrauen als Mutter verloren hatte.« Dabei hatte sie, die bei Kates Geburt erst 19 Jahre alt gewesen war, alles versucht, um eine gute Mutter zu sein. Sie hatte der Tochter jeden Wunsch erfüllen wollen. Später erfuhr sie, dass Kate eine gewisse Ordnung, klare Regeln und ein damit verbundenes Sicherheitsgefühl vermisst hatte.

Kate war zusammen mit ihrer Halbschwester Charlotte bei ihrer Mutter und Serge Gainsbourg aufgewachsen. Sie hatte zunächst Modeschöpferin werden wollen, sich dann aber der Fotografie zugewandt und mit ihren Porträts von Schauspielerinnen und Schauspielern großen Erfolg gehabt. Noch im Jahr ihres Todes, im September 2013, war ihr fotografisches Werk unter dem Titel *Point of View* in der Galérie Cinéma in Paris gezeigt worden.

In der ersten Zeit nach Kates Tod ging Jane jeden Tag ins Kino und schaute sich oft mehrere Filme hintereinander an. Wenn sie sich mit dem Schicksal anderer Menschen beschäftigte, konnte sie ihre Trauer aushalten. »Ich bin überzeugt: Filme heilen. Das Theater heilt. Musik heilt«, auch die eigene. So hat Jane Birkin ihrer Tochter Kate das Lied »Cigarettes« gewidmet, das auf ihrem letzten Album Oh! *Pardon tu dormais …* enthalten ist. Es beginnt mit den Worten: »Ma fille s'est foutue en l'air« – ›meine Tochter hat sich kaputt gemacht‹ und endet mit der Frage: »Peut-être est-ce un accident / Vraiment bête / Qui sait?« – »Vielleicht ist es ein Unfall / wirklich dumm / Wer weiß?«. ❖

Literaturhinweise

- ❖ **Badinter, Elisabeth:** Macht und Ohnmacht einer Mutter. Kaiserin Maria Theresia und ihre Kinder. Wien 2023.
- ❖ **Bergmann, Ulrike:** Johanna Schopenhauer. ›Lebe und sei so glücklich als du kannst‹. Leipzig 2002.
- ❖ **Biasini, Sarah:** Die Schönheit des Himmels. Wien 2021
- ❖ **Birkin, Jane:** Munkey Diaries. Tagebuch. 1957–1982. München 2018.
- ❖ **Büch, Gabriele:** Adele Schopenhauer. Eine Biographie. Berlin 2002.
- ❖ **Curie, Eve:** Madame Curie. Eine Biographie. Frankfurt a. M. 2021.
- ❖ **Faithfull, Marianne / Dalton, David:** Faithfull. Eine Autobiographie. Frankfurt a. M. 1995.
- ❖ **Galatopoulos, Stelios:** Maria Callas. Die Biographie. Frankfurt a. M. 1998.
- ❖ **Hagen, Eva-Maria:** Eva und der Wolf. Düsseldorf/München 1998.
  – Evas schöne neue Welt. München 2000.
  – Eva jenseits vom Paradies. Berlin 2005.
  – / Hacks, Peter: Liaison amoureuse. Berlin 2013.
- ❖ **Hagen, Nina:** Ich bin ein Berliner. Mein sinnliches und übersinnliches Leben. München 1988.
  – Bekenntnisse. München 2011.
- ❖ **Jens, Inge / Jens, Walter:** Frau Thomas Mann. Das Leben der Katharina Pringsheim. Reinbek bei Hamburg 2022.
- ❖ **Kesting, Jürgen:** Maria Callas. München 2002.
- ❖ **Kraft, Renate:** Adele Schopenhauer. https://www.fembio.org/biographie.php/frau/biographie/adele-schopenhauer/. Letzter Zugriff: 24.08.2023.
- ❖ **Krenn, Günter:** Serge & Jane. Biographie einer Leidenschaft. Berlin 2021.

❖ **Lasker-Schüler, Else:** Die Gedichte, Auswahl. Hrsg. von Gabriele Sander. Stuttgart 2020.

❖ **Lütkehaus, Ludger (Hrsg,):** Die Schopenhauers. Der Familien-Briefwechsel. Zürich 1991.

❖ **Mann, Katia:** Meine ungeschriebenen Memoiren. Hrsg. von Elisabeth Plessen und Michael Mann. Frankfurt a. M. 2004.

❖ **Maria Theresia:** Geheimer Briefwechsel mit Marie Antoinette. Frankfurt a. M. / Berlin 1991.

❖ **Monteil, Claudine:** Marie Curie und ihre Töchter. Berlin 2023.

❖ **Outerbridge, David E.:** Liv Ullmann. Ihre Filme – ihr Leben. München 1984.

❖ **Petsalis-Diomidis, Nicholas:** The Unknown Callas. The Greek Years. Portland (Or.) 2001.

❖ **Pusch, Luise F.:** https://www.fembio.org/biographie.php/frau/ biographien. Letzter Zugriff: 24.08.2023.

❖ **Reventlow, Franziska zu:** Sämtliche Werke in fünf Bänden. Hrsg. von Michael Schardt u. a. Oldenburg 2004.
– Jugendbriefe. Hrsg. von Heike Gfrereis. Stuttgart 1994.

❖ **Roggenkamp, Viola:** Erika Mann. Eine jüdische Tochter. Über Erlesenes und Verleugnetes in der Familie Mann-Pringsheim. Zürich 2005.

❖ **Rossellini, Isabella:** Some of Me. Autobiographie. München 2016.

❖ **Schadwinkel, Alina:** Marie Curie. 100 Seiten. Stuttgart 2017.

❖ **Schopenhauer, Johanna:** Ihr glücklichen Augen. Jugenderinnerungen, Tagebücher, Briefe. Berlin 1979.

❖ **Sichtermann, Barbara:** Mary Shelley. Freiheit und Liebe. Hamburg 2022.

❖ **Steidele, Angela:** Geschichte einer Liebe. Adele Schopenhauer und Sibylle Mertens. Berlin 2011.

❖ **Töteberg, Michael:** Romy Schneider. Reinbek bei Hamburg 2009.

❖ **Ullmann, Linn:** Die Unruhigen. München 2019.

❖ **Ullmann, Liv:** Wandlungen. Bern 1976.
– / Bjornstad, Ketil: Lebenswege. München 2008.

❖ **Wendt, Gunna:** Franziska zu Reventlow. Die anmutige Rebellin. Berlin 2011.
– Erika Mann und Therese Giehse. Eine Liebe zwischen Kunst und Krieg. München 2018.
– Die Furtwänglers. Elisabeth Furtwängler. Kathrin Ackermann. Maria Furtwängler. München 2010.
– Maria Callas oder die Kunst der Selbstinszenierung. Leipzig 2006.

❖ **Wendt, Gunna:** Meine Stimme verstörte die Leute. Diva assoluta Maria Callas. München 2008.

❖ **Wollstonecraft, Mary:** Ein Plädoyer für die Rechte der Frau. Weimar 1999.
  – / Godwin, William: Das Unrecht an den Frauen oder Maria. / Erinnerungen an Mary Wollstonecraft. Frankfurt a. M. / Berlin 1993.

❖ **Wydra, Thilo:** Grace. Die Biographie. Berlin 2014.
  – Grace Kelly. Diana Spencer. Zwei Frauen. Zwei Leben. Ein Schicksal. München 2022.
  – Ingrid Bergman. Ein Leben. München 2017.
  – Romy Schneider. Leben – Werk – Wirkung. Suhrkamp Verlag, Frankfurt a. M. 2008.

Filme

❖ Die Manns – Ein Jahrhundertroman. Fernsehfilm. Doku-Drama in 3 Teilen von Heinrich Breloer. Deutschland 2001.

❖ Maria Callas. La Divina – A Portrait. A Film by Tony Palmer. 1987.

❖ Maria Callas. Life and Art. EMI 1999.

❖ Maria Callas. The Callas Conversations: Maria Callas in conversation with Lord Harewood. Maria Callas in conversation with Bernard Gavoty. EMI 2003.

❖ Charlotte Gainsbourg: Jane par Charlotte. Cannes 2021.

❖ **Wendt, Gunna:** Meine Stimme verstörte die Leute. Diva assoluta Maria Callas. München 2008.
❖ **Wollstonecraft, Mary:** Ein Plädoyer für die Rechte der Frau. Weimar 1999.
  – / Godwin, William: Das Unrecht an den Frauen oder Maria. / Erinnerungen an Mary Wollstonecraft. Frankfurt a. M. / Berlin 1993.
❖ **Wydra, Thilo:** Grace. Die Biographie. Berlin 2014.
  – Grace Kelly. Diana Spencer. Zwei Frauen. Zwei Leben. Ein Schicksal. München 2022.
  – Ingrid Bergman. Ein Leben. München 2017.
  – Romy Schneider. Leben – Werk – Wirkung. Suhrkamp Verlag, Frankfurt a. M. 2008.

Filme

❖ Die Manns – Ein Jahrhundertroman. Fernsehfilm. Doku-Drama in 3 Teilen von Heinrich Breloer. Deutschland 2001.
❖ Maria Callas. La Divina – A Portrait. A Film by Tony Palmer. 1987.
❖ Maria Callas. Life and Art. EMI 1999.
❖ Maria Callas. The Callas Conversations: Maria Callas in conversation with Lord Harewood. Maria Callas in conversation with Bernard Gavoty. EMI 2003.
❖ Charlotte Gainsbourg: Jane par Charlotte. Cannes 2021.

Dank

❖ Meine Mutter und die Frauen meines Lebens, die mich mütterlich begleitet haben und begleiten, haben mich zu diesem Buch inspiriert: Anni, Edelgard, Elisabeth, Helen, Hilde, Else, Inge, Irmchen, Liesel, Lieselotte, Lis, Margit, Maria, Marie-Theres und Olga.

Franz Klug und Rüdiger Rohrbach danke ich für wertvolle Hinweise bei der Recherche sowie vielfältige Anregungen.

Dem Literaturarchiv der Monacensia im Hildebrandhaus München danke ich für die Unterstützung bei den Porträts Emilie und Franziska zu Reventlow sowie Katia und Erika Mann.

Mein besonderer Dank gilt meiner Lektorin Janina Vogel und meiner Agentin Andrea Wildgruber, die das Projekt mit inspirierenden Gesprächen bereichert haben. ❖